トーキョーサバイバー

目次

2　ホームレス、かく語りき

住まば都、新宿

排除と言えば排除

歩くのが仕事

都市のスキマに座る

あげっぱなしの見返りいらず

やさしさ、ご自由にお持ちください

草野球とメジャー

生きる緊張感を買う

無駄じゃない無駄ないま

肩書きなくして自立なし
つながりに名前はいらない

3　〈ホーム／ホームレス〉のその先へ

路上の声に耳を澄ます
惹きよせられ、追いだされ
歩くこと、住まうこと
スキマをみつける／つくる
うけながす、ずらす、はぐらかす
なんとかなる、なんとかする

はじめに

「見ようとしないと見えてこない人たち」

池袋で行なわれている「夜回り」に学生を連れて参加したとき、ある女子学生がぽつりと、そう口にした。大学に通うため、彼女は毎日のように池袋駅を利用していると言うが、いつも通る道のすぐそばに、これほど多くのホームレスがいるとは思いもしなかったのだと言う。そして最後に、彼女はこう言い添えた。「見ようとはしてこなかった」、と。

いま思えば、これが本書を作るきっかけだった。複雑な胸の内を必死に伝えようとする彼女をすぐ横で見守りながら、素朴な疑問がふと頭をよぎったのを覚えている。「なぜ彼女は、いや、わたしたちは、彼らを見ようとはしないのか」。

本書は、ホームレスに関するものだが、ホームレスに関するものではない。矛盾している。そう思われるかもしれない。しかし実のところ、そうでもない。どういうことか。不要な誤解と混乱を避けるためにも、まずは本書が目指すものを読者のみなさんと共有することとしよう。

「ホームレス」という言葉を耳にして、多くの人は「路上生活者」のことを思い浮かべるのではないだろうか。事実、東京や大阪、そして名古屋といった大都市をはじめ、都市部には路上で生活している人がたくさんいる。公園のベンチに寝そべっている人、地下通路の端っこに座りこんでいる人、ダンボールを加工して寝ている人など。どれも都市部に住んでいる人なら誰もが一度は目にしたことのある光景だろう。ただ、少し立ち止まって考えてみてもらいたい。なぜ、わたしたちは彼らを目にして、「あの人はホームレスだ」と認識するのだろうか。

それはおそらく、場所と行為の結びつきがとても不自然なものに思えるからだ。寝そべること、座りこむこと、ダンボールを工作すること。どれも行為として突飛なものはなにもない。しかしそこに路上や公園といった特定の場所が重ね合わさることで、その行為は突如として異質性を際立たせる。なぜそんなところでそんなことをするのか、と。そしてここに身なりといった外見的な情報が加わることで、「あの人はホームレスではないか」という疑念が確信へと変わっていく。都市空間において異質性を帯びる人たち。それが、「ホームレス」である。

だが、その異質性もあいまってか、多くの人は「自分とは関係ない」と見て見ぬ振りをする。多少のうしろめたさを感じつつも、横目で彼らの前を通り過ぎる。あるいはすでに見慣れた光景だからか、なにも思わないし、なにも感じないかもしれない。

仮にそうであっても、そうした態度を非難するつもりは毛頭ない。周囲にいる人たちよりはホームレスに関心があるわたしでさえ、時間と気持ちに余裕がなければ支援活動には参加しないし、ホームレスらしき人たちを目にするたびに手を差し伸べてきたわけでもない。その存在に気づいていながら、なにもせずに彼らの前を通り過ぎたことなど数知れない。どこか偉そうな物言いをしているわたしも、結局はおなじ穴の狢（むじな）である。

わたし自身ひどく器の小さな人間であることを認めたうえで、「わたしたちは彼らを必要としている」と言うと変に聞こえるだろうか。いや、そうに違いない。「彼らはわたしたちを必要としている」、ならまだ理解はできる。彼らはわたしたちが手を差し伸べるのを待っているのだ、と。しかしそうではない。わたしたちが彼らを必要としている。いったい、どういうことか。

「3K」という言葉がある。体力的にも精神的にも負担が多いわりに収入が少ない、「きつい・汚い・危険」をともなう職種や職場をそう呼ぶが、「ホームレスの3K」というものがあるのを知っているだろうか。「臭い・汚い・怖い」である。このほかにも「怠け者」や「落伍者」といった心ないものもあるが、いずれにしてもこうしたネガティブなイメージが、ホームレスに対する偏見や差別をこれまで生み出してきた。

そのことがもっとも目に見えるかたちで現れるのが襲撃事件である。ひと口に襲撃と言っても、言葉の暴力から物理的な暴力までいろいろある。そしてなかには、殺人にまでいたってしまうものもある。二〇二〇年に岐阜市で起きた男性ホームレスの襲撃殺人事件や、東京都渋谷区で起きた女性ホームレスの殴殺事件は、まだ記憶に新しい。

こうした凄惨な事件で無視できないのは、加害者の多くが若者ということにある。もちろん、若者だけではない。大人も暴力を振るうことがある。しかし殺人にまで発展してしまう事件では、若者が加害者であることが圧倒的に多い。中学生から大学生までの若者たちが、ホームレスを殴り、蹴り、命を奪う。そして彼らが口にするのが、「ホームレスは社会の役に立たない、生きる価値のない無能な人間だ」といった、思わず耳を塞ぎたくなるような罵詈雑言だ。

「彼らはなにも知らない若者たちなのだ」と言う人もいるかもしれない。たしかに彼らはまだ若い。若さゆえに知識もなく、ときに善悪の区別がつかないこともあるだろう。だが、そのモラルに欠けた物言いを、彼らの社会性の未熟さだけに求めてしまっていいようには思えない。彼らにそう言わせてしまったのは、社会の役に立つこと、そしてそれが生きる価値であることを、どこか「アタリマエ」と考えるわたしたちではないかと思えるからだ。

たとえば「働く」ことについて。わたしたちの社会は働いていない人にとても厳しい。働いていないというだけで、まるで罪を犯したかのような冷たい視線を向けられる。ひと昔前なら「落ちこぼれ」「負け犬」「半人前」などとなじられ、「働け！」とどやされることもあった。いまはコンプライアンスもあってあからさまに口にされることは減ったが、働いていない人を前にして、同じような思いを抱く人は少なくないように思える。働くことは社会の一員として担うべき責務であり、働くことは社会に対する貢献であるという認識が広く共有されているからだ。

だからだろう。働かずにいる（ようにみえる）ホームレスが、「社会の役に立たない価値のない人間」であるかのように思えてしまうのは。実際、道端でホームレスを目にして、「勉強しないとああなってしまうよ」と親から諭されたことがあるという若者の話を耳にすることは珍しくない。わたしたちは「ホームレス」という存在に、働かざる者の成れの果てをみる。裏を返せば、それほどわたしたちの生は働くことにとても強く方向づけられている、ということでもある。

もちろん、若者に限らず、ホームレスに暴力を振るうのはごく一部の人たちだ。たとえホームレスにどこかネガティブな感情を抱いていたとしても、多くの人は彼らを目にして憂い、憐れみ、同情する。しかしだからといって、わたしたちが襲撃とまったく無関係であるようには思えない。社会の役に立つこと＝働くことに高い価値を置くわたしたちの「アタリマエ」が、襲撃の動機を下支えしているのだから、わたしたちは立派な共犯者だろう。

だが、わたしたちは共犯者であると同時に犠牲者でもある。わたしたちもまた、この社会の「アタリマエ」に強く縛られているからだ。たとえば表現に程度の差こそあれ、誰もが「勉強しなさい。働きなさい。そして社会の役に立ちなさい」と周囲から言われたことがあるはずだ。そしてそのことを「アタリマエ」として引き受けてきた。だからプレッシャーやストレスを感じつつも、必死に勉強し、必死に働いてきた。ただ、そんな状況に、どこか息が詰まる思いをしたことはないだろうか。

　勉強なんてしなくていい、仕事なんてしなくていい、と言いたいわけではもちろんない。学ぶことも、働くことも、生きていくうえでとても大切な営みだ。しかしおかしくはないだろうか。生きるための手段であったはずのものが、まるで生きることの目的となっていることに。そのことで精神を病んでしまったり、自ら命を絶ってしまう人がいることに。そんな状況に、行き場のない怒りとやるせなさを覚えたことはないだろうか。

　わたしたちの社会は、学ぶことの楽しさや働くことの喜びよりも、記憶した情報量や稼いだ額など、数値化されたものに価値を置く。だからいくら努力しても、心は一向に休まらない。それどころか、「わたし」の価値を高めるために日々努力するよう駆り立てられる。あらゆるものが比較され、誰よりも秀でていることが求められる。「社会の役に立たなくてもいい、それでも生きる価値がある」とは誰も言ってくれない。

　わたしたちの、そしてこの社会の「アタリマエ」が、誰かを傷つけ、わたしたち自身をも苦しめている。であれば、その現実を直視しなければならないように思う。そのためにも、学ぶことや働くことに限らず、生きることそのものについてのわたしたちの「アタリマエ」を問いなおす必要があるだろう。そしてその先に、共犯者でも、犠牲者でもない、より自由で、より豊かな生のあり方を見つけだしていくこと。そのほうがはるかに建設的で、希望に満ちている。

ただ、「アタリマエ」を問うことはとても難しい。息をしようと考えて息をしてはいないように、普段は意識されることがないからだ。しかしそれでも問わなければ、現状から抜け出すことはできない。だからいくら難しくても、わたしたちは問う必要がある。もちろん、そう簡単なことではないことを承知のうえで。

突破口はある。わざわざ口にせずとも済んでしまうわたしたちの「アタリマエ」を問うには、それが通用しない「なにか」を必要とすればいい。それはモノでもいいし、コトでもいいし、ヒトでもいい。そして本書ではそのなにかが「ホームレス」である。彼らほど、わたしたちのすぐそばにいながら、わたしたちの「アタリマエ」を大きく揺さぶる存在はないからだ。

だから彼らがわたしたちを必要としている、のではない。わたしたちが彼らを必要としている。だから本書は、ホームレスに関するものだが、ホームレスに関するものではない。それに、「ホームレス問題」を解決しようとするものでもない。むしろ「ホーム問題」をどうにかするために、本書は編まれた。

ただ、そのためにもまずは彼らに出会う必要があるだろう。「ホームレス」という言葉はいろいろなイメージをわたしたちに喚起させるものの、その多くは誤解と偏見で溢れている。わたしたちの偏った見方を路上の生きられた現実に即して改めていかないことには、わたしたちが彼らに「レス」していると考える、「アタリマエ」としての「ホーム」は見えてこない。

だからフィールドに出ようと思う。路上を歩き、路上で考え、路上から考えていこうと思う。そうすることで、「ホームレス」と呼ばれる人たちを、彼らの側から理解していくこと。それが、わたしたちが「アタリマエ」としてきた「ホーム」を問いなおすことにつながる。それが、より自由に、そしてより豊かに生きていくための手がかりを見つけだすことになる。他者を知ることは、自己を知ることだ。


社会と大学をつなぎ、体験的に学ぶ機会を提供し、学生の社会貢献を応援するという三つの理念のもとに設立された早稲田大学平山郁夫記念ボランティアセンター（WAVOC）は、「教員の専門性×学生のやる気」をコンセプトとした「早稲田ボランティアプロジェクト」（通称：ワボプロ）を二〇一七年度から展開してきた。本書の発端となったのは、そのひとつを構成する「トーキョーサバイバー」というボランティアプロジェクトである。

「ボランティア」と聞くと、すでにある社会問題を念頭に、「当事者」と呼ばれる人たちが抱える問題の解消に向けた活動を思い浮かべる人が多いだろう。ホームレス関連でいえば、「炊き出し」と呼ばれる食事の無償提供や、「夜回り」と呼ばれる訪問型の生活・医療相談などがこれに当たる。もちろん、どちらもとても意義のある活動だ。一時的ではあっても、食べる物に困っている人たちの空腹を満たすことができるし、彼らの孤独を少しでも和らげることができる。

だが、わたしたち「トーキョーサバイバー」は、一般的にイメージされるようなボランティアではない。わたしたちが目指したのは、ホームレスをこれまでとは違った視点から理解していくことで、わたしたちの「アタリマエ」としての「ホーム」を問いなおすことにある。

ホーム側からホームレスを見るのではなく、ホームレス側からホームレスを、そしてホームレス側からホームを見ること。そしてわたしたちの「アタリマエ」を問いなおし、〈ホーム／ホームレス〉という越えがたい分断をどうにか乗り越えていくための手がかりを見つけだしていくこと。本書はそうした試みを、学生たちの言葉と、わたしが専門とする人類学の視点から、一冊の本としてまとめたものである。

「ホームレス」という、近くて遠い存在に出会ったことでなにが見えてきたのか。彼らを通してわたしたちの「アタリマエ」がどのように揺さぶられたのか。そして、〈ホーム／ホームレス〉という分断を乗り越えていくためにはなにが必要なのか。本書を通して、そのことを少しでも伝えることができたらと思う。

1 出会い方を変えてみる

ことのはじまり

二〇〇七年、夏。東京の大学に通っていたわたしは、名古屋でホームレスになった。最初は名古屋城の外堀にある小さな公園で、そして次に若宮大通り沿いにある高架下で。およそ一カ月のあいだ、名古屋の路上で暮らした。

きっかけは年末年始に参加した越冬活動だった。寒さがとくに厳しいこの時期は、日雇いの仕事もなく、役所も閉まるため、路上での生活がよりいっそう厳しくなる。そこでいろいろな支援団体が、食事や衣類を提供し、散髪や医療相談などのケアを集中的に行なう。数時間で終わる通常の支援活動とは違い、数日間にわたって行なわれる支援活動。それが、越冬活動である。

二〇〇六年一二月末。高校時代の先輩の誘いで、実家のある横浜から名古屋に向かった。思い返せば若気の至りだったとしか言いようがないが、深夜の国道一号線をバイクで、大粒の雨に打たれながら走った。吹き荒れる寒風で手足はかじかみ、ハンドル捌きも鈍くなる。意識が朦朧とするなか、すぐ隣を走る大型トラックにぶつかりそうにもなった。

やっとの思いで名古屋に着いたのは、実家を出発してからおよそ半日が経ったお昼過ぎのことだった。足元がおぼつかないなか、どうにか越冬活動の会場だった西柳公園（通称：オケラ公園）にバイクを停め、支援者たちと挨拶を交わす。すると一人の支援者が、「腹は減っていないか」と声をかけてくれた。「腹ペコです」。そう答えると、炊き出しの残りをそっと出してくれた。親子丼だった。

丼からじんわりと伝わってくるご飯の温かさが骨身に染みる。ほんのりと漂う出汁の香りに誘われ、さっそく箸を手にとった。だが、急に吐き気がこみ上げてきて、手が止まった。白く濁った油が丼の端にうっすらと付着し、箸先には小さな米粒がこびりついていたからだ。

ゴミをなるべく出さないように、炊き出しではプラスチック製の丼と箸が使われていた。食べ終わった人は食器を公園内の水道に持っていき、洗剤をつけたスポンジで洗う。だが、水はとても冷たい。だから手先に力を入れて洗わないと、食器にこびりついた油や米粒はなかなか取れない。わたしの目に留まったのは、そうした洗い残しだった。そして吐き気を覚えた。

当時のわたしは、国際協力や社会貢献といったものに興味を寄せていた。思い返すとなんとも気恥ずかしいのだが、世界の貧困を撲滅しようと、どこかの国際機関で活躍する将来を夢みていた。越冬活動に二つ返事で参加したのも、「ホームレス＝社会の底辺で貧困にあえぐ人たち」の役に立ちたいという想いがあったからだ。

しかしあのとき覚えた吐き気は、そんな初心（うぶ）なわたしをとことん裏切った。「この人たちを支援するために来たのだ」と頭では理解していたものの、身体はそれを拒絶したからである。食器にこびりついた「彼らの一部」が体内に取りこまれようとすることに、わたしの身体は必死に抗おうとしていた。そしてそのことに、なんとも言えないショックを受けた。

しかし周囲の目もあって、食べないわけにはいかなかった。だから無理やり胃袋に流し込んだ。そして精一杯の笑みを浮かべて丼を返し、「おいしかったです」とお礼を言った。実際、味はそれまで口にしたなかでも「絶品」の部類に入るほどのものだった。ただ、少しでも気を緩めると、すべてを吐き出してしまいそうだった。だからお腹に力を入れて、拳をギュッと握りしめた。そしてしばらくのあいだ、その場に立ちすくんだ。

うしろめたい気持ちをどうにか忘れようと、越冬活動では忙しなく働いた。そんなわたしの姿を見てか、「兄ちゃん、よう頑張るなあ」「兄ちゃん、無理したらあかんで」と声をかけてくれる人たちがいた。「兄ちゃん、ちょっとこっちに来いや」と公園の外にわたしを連れ出し、「ほれ」と言って、近くの売店で買ったカップ酒を奢ってくれる人もいた。「公園のなかはさ、酒が禁止だろ。喧嘩が起こるからな。でも寒いだろ？　だからここで少しあったまろうや。兄ちゃんはタバコを吸うかい？　一本くれや」。

そんなやりとりが、一日に数回、多いときで五、六回はあった。「お金は大丈夫なんですか？」などと野暮なことは聞けず、「ありがとうございます」とお礼を言って、温められたカップ酒を口に運ぶ。あのとき覚えた羞恥心と罪悪感をゆっくりと洗い流してくれるかのように、ひと口飲むたびにちょっとした安堵感を覚えた。

そうこうしているうちに、大晦日になった。公園の真ん中に設置された焚き火で冷えきった身体を暖め、小さなブラウン管テレビで紅白歌合戦を観戦しながら、新年を迎える。元日にはカラオケやビンゴ、そして餅つきを楽しみ、バンド演奏や韓国の伝統舞踊など、近隣から集まった支援者たちの出し物を見物しながら、餅を頬張った。

和気あいあいとした、なんとも心温まる一日だった。それぞれにいろいろな事情を抱えてこの場に集まった「おっちゃん」たちが顔をしわくちゃにしながら笑う姿をすぐそばで眺めながら、不思議な連帯感と多幸感に包まれたのをいまでも鮮明に覚えている。

東京に戻ってからも、彼らの顔がしばらく頭から離れなかった。「彼らを助けたい」などという想いはいつのまにかどこかへいってしまい、「あの人たちはどうやって生きているのだろう」と、素朴な疑問が頭をよぎった。

だから大学の図書館に足を運んだ。検索エンジンに「ホームレス」と打ちこみ、アカデミックなものからジャーナリスティックなものまで、いろいろなジャンルの本を手に取っては、片っ端から読み漁った。ただ、満足のいく答えを見つけることはできなかった。「ホームレス＝なにもかも奪われた無力な弱者たち」という認識を前提に書かれたものばかりだったからだ。

路上生活はたしかに厳しい。「厳しい」という言葉では表現し切れないほどに、とても厳しい。熱中症で亡くなる人もいるし、凍死する人もいる。しかし行政はなかなか手を差し伸べてはくれない。それどころか、まるで「邪魔者」であるかのように扱われる。通りを行き交う人たちからは冷たい視線を浴びせられ、心ない人からは石ころやタバコを投げつけられることもある。世知辛いこの世の中で、ひっそりと、しかし大胆に生きていかなければならない。

そんなシビアな状況を作り出しているのは社会の側であり、その構造的欠陥を明らかにしようとする研究者やジャーナリストたちの意図はよくわかる。それに、彼らの苦しみを少しでも和らげようとする支援者たちの想いもよくわかる。しかし「無力な弱者」という理解で済ませてしまっていいのだろうかと、西日が差しこむ図書館の片隅で、ひとり考えた。カップ酒を片手に豪快に笑う「おっちゃん」たちの姿に、世俗の厳しさに晒されながらも、それでも自分たちは生き抜いてきたのだというささやかな矜持をみたからだ。

少なくとも名古屋の小さな公園でわたしが出会ったのは、図書館で出会った「ホームレス」とはまた違った人たちだった。だから名古屋に戻ることにした。夏休みが始まるのを待って、名古屋行きの夜行バスに飛び乗った。こうしてわたしは、ホームレスになった。

二〇〇七年、夏

最初にお世話になったのは、名古屋城の外堀にある小さな公園で暮らすホンマさんだった。ずんぐりむっくり体型のホンマさんは、頑丈な支柱をベニヤ板とブルーシートで覆った、無骨だが独特の存在感を放つ、「秘密基地」という言葉がぴったりな家で暮らしていた。「勉強させてください」。そう言うと、「ええよ」とすぐに快諾してくれた。

そんな彼の家から数メートル離れた場所に、小さな木造小屋があった。聞くと、家主はいないという。「セイホ（生活保護）を受けてもういないから、そこを使いな」。言われるままに、ホンマさんに甘えることにした。

少しばかり鼻をつく臭いが漂う二畳ほどの室内には、前の住人が置いていった布団に、簡単な調理器具や蚊取り線香が残されていた。透明の衣装ケースには衣類が詰めこまれ、その上には砂の匂いのする一〇冊ほどの漫画雑誌が積まれている。

さっそく、持参した寝袋と着替えを入れたダッフルバックを放りこむ。床に転がるカップ酒の空き瓶を隅っこに寄せて寝袋を敷けば、どこか「自分だけの場所」になるのが不思議だった。

名古屋城の外堀という場所柄もあって、夕方になると大量の蚊が周囲を飛びはじめた。不快な羽音を立てながら、隙あらばと襲ってくる。はじめはじっと我慢していたが、数分もすれば我慢の限界がきた。「すみません、お借りします」。そう心のなかで呟きながら、前の住人が残していった蚊取り線香に火をつけた。

これで蚊はどうにかなったが、ものすごく暑い。エアコンと扇風機が早くも懐かしく思えてくる。するとなにかを察してか、ホンマさんが近寄ってきた。「あそこに水道があんだろ。それで涼みな」。そう言って、タオルを一枚貸してくれた。

翌日からは、ホンマさんについてまわりながら路上生活のいろはを学んだ。ホンマさんの頭のなかにあるマップを頼りに自転車で街を駆けめぐり、空き缶を集めては、それを売ってお金に換える。そうして手にしたわずかなお金を握りしめ、激安スーパーのタイムセールを狙って食材をさらに安く手に入れた。いくつかのコンビニを訪ねては、懇意にしている店員から賞味期限切れの弁当をもらうこともあった。

食料が手に入ると、さっそく家に帰ってお腹を満たす。コンビニ弁当はそのまま食べたが、自炊のときは板前経験のあるホンマさんが腕を振るってくれた。いろいろなところからかき集めてきた漫画『クッキングパパ』を愛読していたこともあってか、アレンジ料理もお手の物だった。そして食べ終わったあとはタバコを吸いながら発泡酒を飲み、すぐそばに住み着く虫の音をBG

Mに涼んだ。

ホンマさんは、同じ境遇にいる人たちのよき相談相手であり、よき支援者でもあった。通りすがりに路上に暮らす仲間たちに声をかけ、様子を聞いて回りながら、その都度相談に乗る。適切な支援を受けることができるよう、支援団体とのあいだを取り持つこともあった。

だからか、「いつも世話になってるからね」と缶コーヒーや缶ビールをもらうことがあった。「ほれ、兄ちゃんにも」と、ホンマさんのすぐ後ろでただ突っ立っているだけのわたしにもくれる。「ありがとうございます」と言ってわたしは受けとり、「いつも悪いね」とホンマさんも受けとる。しかしホンマさんは、缶ビールだけは受けとろうとはしなかった。

「いやよー。最近腹が出てきちゃってよ、ビールは控えてるんだわ」。ホンマさんがお腹をさすりながらそう言うと、「なぁに言ってんだよ。前からだろうが」とすぐにツッコミが入る。そして、どっと笑いが起きる。「じゃあな。またなにかあったらいつでも言いな」。ホンマさんはそう言って自転車を漕ぎ出す。わたしも自転車にまたがって、ホンマさんの背中を追った。

それにしても不思議だった。お酒好きなのに、なぜ缶ビールを受けとらないのか。食後の一服をしているときに尋ねると、ホンマさんはこう答えた。「ビールなんてそんなにホイホイ買えるもんじゃないだろ。汗水垂らして買ったんだから。もらっちゃ悪いだろ。大切にな、自分で飲めばいいんだわ」。そして帰宅途中に買った発泡酒を手に取る。「ほれ。お前さんも飲みな」。

名古屋城の外堀に住みはじめて二週間が経ったころ、「違う場所も勉強しいや」とホンマさんが提案してくれた。いつものようにホンマさんの後を追いかけるようにしてたどり着いたのは、名古屋の中心部を東西に走る若宮大通り沿いの高架下。五人のホームレスが生活する、「集落」のような場所だった。

そこを仕切っていたのは、ホームレスにしてはまだ若い三〇代のユウくん。ちょっと黒い社会ともつながっていたからか、あるいは体重一〇〇キロをゆうに超える巨漢だったからか、どこか怖そうな雰囲気があった。ただ、子供のようによく笑う。そして、悪ふざけが好きだった。「おい、シュウ」と声をかけられて振り向くと、タバコの火を頬に当てられる、なんてこともあった。しかし詫びる気配はまったくない。わたしが驚いた顔をするたびに、その大きな身体を揺らしながらゲラゲラと笑った。

ユウくんは朝から焼酎を飲んではソファーでその大きな体を休めるほどの体たらくぶりだったが、正義感は人一倍強かった。行政から「追い出し」（公園の適正化や街の美化を理由に住まいを追われること）されると聞きつけるとすぐさま現場に駆けつけ、その強面の顔と威圧的な体型を武器に、役人たちとやりあったりもしていた。そしてユウくんはよく、わたしにこう言った。「シュウよ、自分が幸せにならないと他人を幸せにはできねぇぞ。だから幸せになれ」。

ときには度が過ぎることもやってしまうユウくんだが、そんな彼でも頭が上がらなかったのが、周囲から「オヤジ」と呼ばれ慕われていたハシモトさんだった。仲間たちからは「ハシモトのオヤジ」や「はしもっちゃん」などと呼ばれていた彼は、コンビニで買った「鬼ころし」を愛飲し、シラフのときがあるのかわからないほど、いつも酔っていた。だからいつも呂律が回ってない。

そんなオヤジに、週に数回、朝の仕事に連れて行ってもらったりもした。普通は自転車を使うところだが、オヤジはリヤカーで、まだ薄暗い街へと出かけていく。大通りから住宅街へ、そして小さな路地へ。「シュウ、早いとこ終わらすぞ」。そう言いながら「カンカン」(空き缶)や「アカ」(銅線)を集めていく。もちろん、途中のコンビニで「鬼ころし」を買うことも忘れない。

ひととおり集めた後は、「くず屋」(廃品回収業者)に行ってお金に換えた。四時間歩きつづけたその日の売り上げは二〇〇〇円。オヤジはうれしそうに千円札一枚を受けとる。そしてそのうちの一枚をわたしに渡そうとしてきた。「いや、いいよ。僕はなにもしてないから」。そう断っても、オヤジは無理にでも渡そうとしてくる。「いいんだよ、シュウ。お前だって一緒に集めたじゃねぇか。ほら、帰って酒飲むぞ」。

高架下に住む彼らのいちばんの娯楽は麻雀だった。夕食を終えて一息つくと、誰かの一声を合図に、そばにある街灯下へと机と椅子と麻雀牌を運ぶ。すぐ隣を車が走り去っていくなか、麻雀牌が乾いた音を響かせる。もちろん、机も椅子も麻雀牌も、ゴミ捨て場から拾ってきたものだった。だから四つある椅子は、座高も違えば材質もデザインも違った。それがまるで、ここに集まる人たちのようだった。

名古屋城の外堀から若宮大通りの高架下に移り住んで約二週間。とうとう名古屋を去る日がやってきた。「明日の夜、横浜に帰ります」。そう伝えると、「よし、明日は送別会をするぞ」と、みんな妙に張りきりだす。知り合いやなにやらに掛けあってお酒をかき集め、足りない分はお金を出しあい買ってくる。しかしアテがない。一度は「みんなただの飲兵衛だから気にしないだろ」ということになったが、「さすがに空腹で飲むわけにはいかない」ということにもなって、足を運んだのはすぐ近くにある二四時間営業の大型スーパーだった。

オヤジを先頭に、食品売り場を端から端まで一列になって歩き、試食品をつまみ食いしていく。三周ほどしたころにはお腹の具合もちょうどよくなった。そしていつものように、高架下での宴会が始まった。発泡酒に焼酎、そして日本酒がずらりと並ぶ。

お酒もだいぶ回ってきたころ、オヤジはおもむろに立ち上がり、ふらつきながらいつも使っているリアカーを引っ張り出してきた。そしてわたしに向かってこう言った。「よう、シュウ。今度はお前の嫁さんを連れてきな。こいつに俺が集めたカンカンくっつけて、お前たちを引っ張ってやるからよ」。そして目が虚ろなユウくんは、また繰り返す。「よく聞けよ、シュウ。自分が幸せにならないと他人を幸せにはできねぇぞ。だから幸せになれ」。

無力な弱者？

まだ大学生だったわたしにとって、あのひと夏の経験は、いわば「通過儀礼」のようなものだった。大学という日常から離れ、路上という非日常を経て、再び大学という日常へと引き戻された。それは、あの一連のプロセスは、わたしの人間観をそれまでとは大きく違ったものにしたからだ。それはなにより、生きることの難しさと、それでも生きなければならない現実と、だからこそ生きようとする人間のしたたかさとたくましさを、この身をもって知ったことにある。

しかしホームレスについて語るとき、わたしたちはどうしてもネガティブなことばかりを口にしがちだ。「家がない」「仕事がない」「つながりがない」といった無い無い尽くしの語り。そこからもう一歩先へいくと、「住むところがなくて可哀想」といった哀れみの語りに、「不運が重なったのだ」といった同情の語り、そして「自業自得だ」といった蔑みの語りが顔を出す。「社会的に排除されている」や「路上生活を余儀なくされている」など、支援者や研究者が口にするものであっても、その語り口にはどこか悲愴感が漂う。

もちろん、ごく一部の人を除いて、好き好んで路上で生活している人などいない。リストラや会社の倒産、持病の悪化や人間関係のもつれなど、いろいろな理由で社会とのつながりを失ったり維持できなくなったりして、結果的に路上に行き着いた人たちがほとんどだ。それに、ホームレスになるのは、その人をいろいろなかたちで社会的に排除する構造的問題だ、とよく言われる。つまりホームレスになるのは、個人の問題というより、路上生活を強いてしまうこの社会にこそ原因がある、ということである。

たとえばホームレスになるおもな要因は失業だ。しかし、失業したからといってすぐにホームレスになるわけではない。失業しても貯金を取り崩せばしばらくはなんとかなるし、そのあいだに新しい就職先を見つけることができれば問題はない。しかし特別なスキルや経験がなければ再就職は難しく、年齢も高くなるほど不利になる（＝労働市場からの排除）。それでも、金銭的に頼ることのできる家族や友人がいればなんとかなる。しかしそうした人が近くにいなければどうだろうか。家族との関係に頭を抱えている人は少なくないし、人づきあいが苦手な人も珍しくはない（＝社会関係からの排除）。もちろん、近くに頼る人がいなければ行政を頼ることもできる。生活保護をはじめ、日本にはいくつかの社会保障制度がある。しかし要件を満たせば誰もが制度の対象になるものの、聞こえてくるのは「まだ働けるでしょ？」などと言われて窓口で追い返されたという声だ（＝社会保障からの排除）。再就職もままならず、かといって家族や知人にも頼れず、行政に助けを求めても追い返される。そうやって人は、ホームレスになる。

だが問題はまだ続く。家族や友人にも頼れず、行政にも頼れないとなると、自分ひとりでどうにかしなければならない。しかし新しい職を見つけようにも、住所不定というだけで雇用機会には恵まれない。運良く就職できたとしても、特別なスキルや経験がなければ雇用形態が不安定なうえに賃金が低いことも多く、住居の確保に必要な資金を貯めるにも時間がかかる。それに、いざアパートを借りようにも、保証人がいなければ入居もままならない。それまでに失ったものをもう一度取り戻すのは、けっして平坦な道のりではない。わたしたちが生きるこの社会は、一度レールから外れた人にとても厳しい。

こうした負の連鎖は一刻も早く断ち切られなければならない、と強く思う。必要な支援がそれを必要とする人にきちんと届くよう、適切な対策とその運用が早急になされるべきであるし、抱えている問題も人によって違うのだから、それぞれの状況に応じたきめ細やかな対応も必要だろう。しかし一方で、ホームレスに対する語り口が悲観的なものばかりであることに、どこか違和感を覚える。それはおそらく、「ホームレス＝無力な弱者」であることが前提になっているからだ。「社会的に排除されている」「路上生活を余儀なくされている」といった語りが受動態であることも、そのことを暗に示している。

たしかにわたしが名古屋で出会った人たちも、大っぴらには言えない過去をそれぞれに背負っていた。昔の話を聞くたびに、身につまされる思いをしたことは一度や二度ではない。それに、彼らもわたしたちが考えるような「家」には住んでいないし、わたしたちが考えるような「仕事」にも就いていない。「家族や親族とは縁が切れている」と言う人も多く、わたしたちが考えるような「つながり」をもっていない人がほとんどだ。

しかしそれでも、彼らはそれぞれに生きることの意味を探しながら、他人からは取るに足らないと切り捨てられてしまうかもしれない小さな矜恃を胸に路上を生きていた。そんな彼らの姿を思い出すたびに、「無力な弱者」という理解が一面的なものに過ぎないのではないかという思いが強くなる。そしてなにか重要なものを見落としているのではないかという思いも強くなる。

出会い方の大切さ

わたしが名古屋で出会った人たちと、一般的なホームレス理解がこうも違うのはなぜだろうか。彼らが特殊だった、とは思えない。ホンマさんやユウくん、そしてオヤジのほかにもたくさんの人に話を聞いたが、どの人も「無力な弱者」という言葉ではとうてい理解しきれない人たちばかりだったからだ。だから違いがあるとすれば、それはおそらく出会い方にある。

ホームレスが社会問題として広く認識されるようになってから、わたしたちはおもにマスメディアを介して、ホームレスと彼らを取り巻く状況を日常的に見聞きするようになった。そこでは取材を受ける当事者や支援者の口から路上生活の悲惨な状況が語られたり、有識者の口から社会保障制度の問題点が指摘されたりする。報道という性質を考えれば仕方のないことかもしれない。しかし結果として、一面的な理解がどこか独り歩きしてしまっているようにも思える。ただ、これはマスメディアに限った話ではない。

たとえば支援団体のホームページや機関紙などを見てみると、当事者が抱える悩みが赤裸々に紹介されていたりする。家族の話や仕事の話、病気の話など、「自己責任」ではとうてい片付けることのできないものばかりだ。そこに嘘偽りはない。どれも切実な想いと願いに溢れている。ただここでも、「ホームレス＝無力な弱者」という印象を強く受けてしまう。

そもそも支援者たちが出会うのは、助けを求める人たちがほとんどだ。あちらからやってくるのを待つ待機型の炊き出しに、こちらから積極的に出かけていく訪問型の夜回りなど、ファーストコンタクトはどちらが先かという違いはある。しかしどちらであっても、支援者と当事者との出会いは「支援」という場で起きる。だから当事者といっても、それは支援を必要としている人たち、ということになる。だからそこで拾い上げられる声は助けを求める声になる。

支援にかかわる人たちにはやや手厳しいかもしれないが、そうした声は支援者向けのものだと言う人もいる。たとえば自身もホームレスとして生きる小川てつオは次のように言う。

一般の生活ができなくなり仕方ないという理由で公共地を占拠するのを大目に見られているという負い目があるために、ホームレス生活の悲惨な面しか語ろうとしない。ボランティアや善意で関わる人に見せる顔（ホームレスの顔）というのもあるのだ。いかにもホームレスだ、と見えるその人が、一方で、どんなに愉快な生活を仲間たちと持っていることか（「ホームレス文化」一二九頁）。

支援の現場だけではない。研究の場合も基本的には同じだ。ひと口に研究と言ってもその中身は多様だが、研究である以上、そこには必ず「問い」というものがある。どんな対象にアプローチするにしろ、研究とは「問いに答える」というシンプルな行為に集約される。それが、どの分野にも通じる研究の基本姿勢だ。ただ、問いの立て方には注意しなければならない。それ次第で、見えてくるものと見えてこないものがある。問い方は、研究対象との出会い方を決める。

そのうえでホームレスに関するこれまでの研究に目を向けてみると、その多くがホームレスという存在を貧困や排除といったものに結びつけてきたことがわかる。だからそこでの問いは、「ホームレスとはどのような貧困にあるのか」「ホームレスはどのように排除されているのか」といったものになる。もちろん、ホームレス研究も多様化してきているので一括りにはできないが、それでも貧困や排除に対する問題意識はいまも根強い。だから「ホームレス＝社会問題」という認識はほとんど揺さぶられないし、問われない。

ここである印象的なエピソードを紹介しよう。まだ大学院生だった社会学者の北村由紀彦が、一九九〇年代中頃に新宿駅西口の地下通路に広がっていた「ダンボール村」で調査をしていたときのことだ。

北村は学生として、またボランティアとして、ダンボールハウスを一軒一軒訪ね歩いていた。そんなとき、楽しそうにお酒を飲む集団に目が留まった。そして彼らに話しかけて少しばかりの世間話をしたあと、「あんまりお酒を飲みすぎないようにしてくださいね」と、去り際に言い添えた。相手のことを想っての一言だったが、それを聞いた一人が突然、自分で稼いだお金で飲んでいるのだから文句を言われる筋合いはないと、突っかかってきたという。そして当時のことを思い出しながら、北村は自戒を込めて次のように言う。

彼は、筆者の一言のなかに、「自分たちの生計を自分たちで立てている」ことに込めた誇りをないがしろにするような傲慢さを嗅ぎ取ったのではなかったか。……「ボランティア」として野宿者を「援助」や「ケア」を必要としている存在とあらかじめみなしたうえでかれらとかかわること。「学生」「研究者」として「野宿者のニーズ」を把握するために聴き取り調査を行なったりすること。それらに共通しているのは、かれらを埋めるべき何かを欠落させた存在とみなす視点だろう（「野宿者の貧困と集団形成」一二六五頁）。

「困っている人などいないのだから支援など必要ない」「問題ではないのだから研究など必要ない」などと言いたいわけではまったくない。支援が必要な人はわたしたちが想像する以上にたくさんいる。抱えている問題も人それぞれに違うのだから、最大限の支援策を講じることは必要だ。それに、この社会にはホームレスを生み出す問題がたしかに存在する。だからその実態を明らかにするための研究や、研究成果を踏まえた政策提言も必要だ。ただ、ある特定の出会い方はある特定の現実を映し出す。出会い方が違えば、見えてくるものも違ってくる。

どのような見方が正しく、どのような見方が間違っている、ということではない。支援という出会い方で見聞きしたことも正しいし、研究という出会い方で見聞きしたことも正しい。そこにあるのは絶対的な正しさなどではなく、つねに部分的で複数の正しさである。そしてそれは、わたし自身にも当てはまる。

わたしの場合、はじめは支援というかたちで、次に図書館で本を読むというかたちで、「ホームレス」と呼ばれる人たちに出会った。そうした出会いから見えてきたものはたくさんある。しかしそれでは見えてこないものもたくさんあった。だから出会い方を変えることにした。そうして見えてきたのが、それまでとはまた違った人たちの姿だった、というわけだ。

出会い方を変えて、見方を変える

出会い方を変えてみる。すると違った見方が生まれてくる。このことをわたしたちより先んじて行なった一人が長嶋千聡だろう。大学で建築学を専攻していた長嶋は、名古屋市内を自転車で徘徊しているときにブルーシートで覆われたテントを偶然目にし、その佇まいに「建築的な意志」を感じとった。「ひょっとすると、これも建築じゃないのか?」(『ダンボールハウス』五頁)、と。そこで長嶋は街中にあるホームレスの「家」を訪ね歩き、大量のスケッチとともに、その構造と工法を詳しく調べ上げていく。そしてそこから見えてきたのは、「非人間的な生活」の象徴でもあったダンボールハウスのイメージを覆すものばかりだった。

機動性や利便性などを考慮しながら、ときに驚くような技術と知恵を駆使して作りあげられる彼らの「家」は、そこに住まう人たちの創意工夫がふんだんに盛りこまれた、どれも個性的で唯一無二のものばかりだ。ベニヤ板やパレット、ブルーシートなどを活用した小屋型に、キャンプ用テントを利用したテント型、都心部で目立たないように高さ制限が加えられた寝袋型に、リヤカーを基礎とすることでいつでも移動可能なキャンピングカー型、公園の樹木を利用したロープ型に、落ちている木々や捨てられた松葉杖などを骨組みとして利用した自然素材型、そして公園の柵や家財道具を支えにしたモノ構造体型に、骨組みをもたない無セキツイ型など、長嶋自身の分類とネーミングのセンスもさることながら、圧倒的な創造力に支えられているとわかる。

それに、一度建てたら終わり、ではない。イノベーションとリノベーションを絶えず繰り返していく彼らの「家」は、まるでそれ自体がユニークな生き物であるかのように、その姿形を変幻自在に変えていく。

もちろん、長嶋はそうした「家」やそこに住まう人たちを、過度に美化したり、無条件に称揚してはいない。彼自身が言っているように、「絶えず変化を繰り返し、多様化するダンボールハウスの実態は、つねに変化し続けなければ、住まい続けることのできない路上生活の過酷さの裏返しである」(同:一二六頁)。ただ、ときにその過酷さすらも逆手にとるかのように、彼らの「家」はわたしたちには思いもつかないかたちで都市のただなかにその姿を現す。長嶋が名古屋の路上で目にしたのは、それまで見向きもされずにいた生活知の集合体だった。

そしてもう一人。建築家や作家、アーティストなど多彩な顔をもつ坂口恭平も忘れてはいけないだろう。偶然にも、彼の専攻も長嶋と同じ建築学だった。だが坂口の興味は、建物だけでなく、その周辺の環境を含む空間全体にあった。

そのきっかけのひとつとなったのが、カンボジアへの渡航だった。そこで坂口は、まだ建設中の建物内で暮らす人びとの姿を目の当たりにする。彼らは建材を生活用品として使い、自分たちのものではない空間を、生きられる空間へと作り変えながら暮らしていた。それは、先に建築物があってそのなかで生活をするのではなく、自分たちなりの生活を営むなかで建築物の空間そのものを作り変えていく生き方だった。

その姿に衝撃を受けた坂口は、東京、名古屋、そして大阪を渡り歩き、ホームレスの「家」を一軒一軒訪ね歩いた。そうして撮り溜めた写真で『0円ハウス』という写真集を出版した。そして二〇〇八年には、『TOKYO 0円ハウス0円生活』という本を出版する。

この本で坂口は、東京・隅田川に暮らすホームレスの生活を軽やかな文体で描き出しながら、生活費が全国でもっとも高い東京で、ミニマムかつ大胆に生きるための新しい暮らしの可能性を模索している。たとえば彼が「隅田川のエジソン」と呼ぶ鈴木さんは、総工費0円で「家」を建て、パートナーであるみっちゃんと空き缶集めをしながら生計を立てていた。収入のほとんどを食材費に注ぎこんでいるが、それが可能なのも、それ以外をすべて0円でまかなっているからだ。

拾ってきた建材を利用して家を建て、拾ってきたバッテリーを流用して家電製品を動かし、拾ってきた家電を再利用して食事を作る。坂口がカンボジアで目にした人たちと同じように、鈴木さんとみっちゃんは、都市が吐き出した廃棄物を利用・流用・再利用することで、彼らなりの豊かな生活を築きあげていた。

そしてさらに、坂口は『ゼロから始める都市型狩猟採集生活』という本を出版する。この本で坂口は、路上に生きる人たちから学んだ知識と知恵をふんだんに盛り込みながら、日々捨てられるゴミを〈都市の幸〉と読み替え、わたしたちにとってごく普通の「買う」という行為を前提としない生き方を紹介している。そして、提案する。「階層（レイヤー）を変えて見てみよう」、と。そうすることで、より自由な発想で、より自由な生き方を創造していこう、と。

長嶋千聡と坂口恭平。彼らは支援に参加するのでも、研究するのでもないかたちで、ホームレスに出会った。そしてその出会いを通して目にしたものを丹念に絵や写真、文章に落としこむことで、これまでとは違ったホームレスの姿をわたしたちに提示している。

ところで、そんな彼らは、どこか「人類学している」。とくに坂口にいたっては、とても人類学している。どちらも「家」や「仕事」、そして「生活」にかかわる先入観をいったん括弧に入れて、ホームレスが生きる世界にゼロ接近しようとしているからだ。

ホームレスを／と人類学する

人類学（社会人類学あるいは文化人類学）とは、わたしたち（自己）とは異なる生活世界を生きる人たち（他者）を理解し、彼らの見方を通してわたしたち自身の「アタリマエ」を問いなおそうとする学問のことだ。そしてその先に、「人間とはなにか」という壮大な問いに応えようとする学問でもある。

「未開人」を研究する「未開社会の学」というイメージをもっている人もいるかもしれない。たしかに人類学がこれまで研究対象としてきた人たちを見れば、そう誤解されても仕方がないだろう。わたしも大学院に「入院」してからこのかた、タイとラオスの国境付近に暮らす「ムラブリ」という少数民族を研究しているし、そのことを友人たちに話すと物珍しそうにこちらを見てくる。しかし人類学のエッセンスはそこにはない。

人類学が学問として確立してからずっと大切にしてきたものに、「フィールドワーク」というものがある。いまでは他の学問分野や民間企業でも使われているので、一度は耳にしたことがあるかもしれない。

フィールドワークとは、現場（フィールド）に自ら足を運んで調査（ワーク）をする、調査方法のことだ。人類学の場合、わたしたちとは異なる他者の生活の内部に深く入りこむことで、彼らの社会や文化をその内側から学び、彼らが生きる生活世界を明らかにしようとする。だから人類学者がフィールドとするのは、他者が生活を営む場、ということになる。

もちろん、どこの馬の骨かもわからない人間がいきなり一緒に生活させてほしいなどと言い出すのだから、怪しい目で見られることもあるし、拒絶されることもある。それでもどうにかして彼らの生活に入りこみ、同じ釜の飯を食べ、お酒を酌み交わす。そんな日々の積み重ねから、彼らの価値観や考え方を学ぶ。そうやって、わたしたちとは異なる他者を理解していく。

そのためにも人類学は、「文化相対主義」という考え方をとても大切にしてきた。文化相対主義とは、たくさんある文化をひとつの価値基準で評価することはそもそも無理なことで、それぞれの文化の価値はあくまで相対的なものだとする考え方のことだ。

この考え方では、たとえば「路上生活は非人間的な生活である」というのは、「路上とは人間が住む場所ではない。人間とは家に住むものだ」というひとつの価値基準から路上生活を判断している、ということになる（その意味で長嶋がダンボールハウスを「家」とみたこと、そして坂口が路上生活を「都市型狩猟採集生活」とみたことの意味はとても大きい）。もちろん、「路上生活は素晴らしいものだ」とか、「路上生活こそ人間的な生活だ」などと言っているのではない。

そうではなく、「路上生活＝非人間的な生活」というわたしたちの見方を一度括弧に入れて考えてみよう、ということだ。だから「社会問題」という認識も、一度括弧にいれて考えようとする。むしろ人類学では、「問題」とされる事柄も、誰にとって、どのような意味で「問題」なのかについて考える。

そしてこの考え方を大切にすることで人類学は、いろいろな地域で暮らすさまざまな他者を、彼らの価値基準から理解しようとしてきた。わたしたちの価値基準ではなかなか理解できない行動や考え方も、彼らのなかではどのような意味をもっているのかを、彼らの側に立つことで考えてきた。そうしたなかでいろいろな理論が生み出されてきたが、いつの時代の人類学にも共通するのが「見方を変える」という姿勢だ。

そもそもある見方とは、どこかに足場をおくことではじめて成り立つものだ。だから見方を変えるとは、足場を変えるということを意味する。だから足場を変えれば見方が変わるし、見方が変わればそれまでとは違ったものが見えてくる。

そうやって人類学は、わたしたちとは違った価値観や考え方をもつ人たちを理解しようとしてきた。だからダンボールハウスを「建築＝家」とみた長嶋の視点、ゴミを〈都市の幸〉と読み換えた坂口の視点、そして「階層（レイヤー）を変えよう」という坂口の提案は、とても人類学している。

ただ、人類学はたんなる他者理解の学問ではない。自己理解の学問でもある。他者を理解しようとすればするほど、否応なく自己＝わたし（たち）についても考えざるをえなくなるからだ。実際、足場を変えて見方を変えてみると、それまでなんの気なしに拠り所としてきた足場が急にぐらつきはじめることがある。そうなると、もう止められない。わたしたち自身の「アタリマエ」＝価値基準を問いなおさなければならなくなる。そしてついには、自己＝わたし（たち）そのものが変容してしまう、恐ろしい学問でもある。

ちなみに、人類学では「当事者」という言葉をあまり使わない。この言葉には「どこかわたしたちとは違った問題を抱えている人たち」というニュアンスがあるからだ。もちろん、当事者／支援者のように、調査対象者／調査者という関係の隔たりはある。しかし「人間とはなにか」を考えようとする人類学は、そうした隔たりをも越えた先に、同じ「人間」として共通・共有する事柄について考えようとする。そうなるともはやわたしたち／彼らという区別はあまり意味をなさなくなる。みんなが「当事者」だからだ。

話を戻そう。出会い方を変えて、見方を変える。そうやって人類学は、他者を理解することで自己を見つめなおし、「人はどのように生きることができるのか」を考えてきた。だが、独りでではない。他者と対話し、他者から学ぶことで、自己を問いなおす。そうすることで、誰もが「当事者」であるわたしたち人間にとって必要な、生きるための知識や知恵を得ようとしてきた。

だから人類学にとって他者という存在はたんなる調査対象者ではない。「人間とはなにか」「人はどのように生きることができるのか」といった問いを、ともに探求していく協力者であり、伴走者でもある。他者に教わり、他者に学び、他者とともに考えること。それが人類学という学問のエッセンスだ。

そんな人類学をベースに、本書では、ホームレスとの出会い方を変え、わたしたち自身の見方を変えていこうと思う。そうすることで見えてくる生の地平を手がかりに、わたしたちの「アタリマエ」を問いなおしていくこと。そしてその先に、〈ホーム／ホームレス〉という分断を乗り越え、この有為転変の世の中を生きていくための方途とその可能性を探っていくこと。そんなことを目指そうと思う。

路上で／から

では実際に出会い方を変えていこう。正直にいえば、本書を手にとってくれている読者とともに、わたしたちがフィールドとする新宿の路上へ繰り出したいところだが、それは叶わないので、ここでは「トーキョーサバイバー」に参加した学生たちにその役割を担ってもらうこととする。「はじめに」でも書いたように、本書は早稲田大学平山郁夫記念ボランティアセンター（WAVOC）で始まった、「トーキョーサバイバー」というボランティアプロジェクトをベースにしている。このプロジェクトで目指したのは、路上を歩き、そこに生きる人たちの声に耳を傾けることで、路上の生きられた現実を彼らの側から理解し、わたしたちの「アタリマエ」を問いなおすことにあった。次の章で展開されるのは、そうしたなかで学生たちがフィールドで考え、フィールドから考えたことである。手前味噌だが、とてもユニークな論考が集まったと思う。

ところで、本書には、捉え方によっては路上生活を肯定しているかのようにも読める箇所があるかもしれない。しかしわたしたちに路上生活を美化しようなどという意図はない。たしかに本書には、路上に生きる人たちの生のあり方をポジティブに語っている箇所がいくつもある。ただ、それは路上生活の厳しさを否定するものではないし、路上生活を肯定するものでもない。

わたしたちが目指したのは、あくまで路上の声に耳を澄ますこと、そして路上で見聞きしたことを手がかりにわたしたち自身の「アタリマエ」を問いなおすこと、そしてその先に〈ホーム／ホームレス〉という分断を乗り越えていくための手がかりを見いだしていくことにある。そのことを念頭におきつつ読み進めてもらえるとうれしい。

2 ホームレス、かく語りき

住まば都、新宿

高谷　健人

人を惹きつける街

「なんとかなると思ったんだよね」

新宿の路上で暮らすホームレスの方に「なぜ新宿なのか」と尋ねると、そんな答えが返ってきた。東京には渋谷や池袋、上野などホームレスが多く住む場所がたくさんある。そんななか、彼らはなぜ新宿だと「なんとかなる」と思ったのだろう。きっとそれはほかの場所にはない「なにか」があるからなのだろうが、だとしたらそれはなんなのだろう。ここでは、そのなにかを「磁力」と呼んでその正体を明らかにしてみようと思う。

新宿に限らず、またホームレスに限らず、都市は多くの人を惹きつける。飲食店や娯楽施設が無数にあり、自家用車をわざわざ購入する必要がないほど公共交通機関も充実している。生活に不便を感じることはほとんどない。

とくに新宿という街の規模は凄まじい。たとえば少し前の数字にはなるが、新宿駅の一日の平均乗降客数はなんと三五三万人。ギネス世界記録にも登録されたほどの数だ。「三五三万人」と言われてもピンとこないかもしれないが、その数は、市町村単位で日本一の人口を誇る横浜市の人口と大差ない。

人の多さだけではない。新宿には都庁をはじめとした超高層ビルがそびえ立ち、高島屋や伊勢丹といった有名百貨店が軒を連ね、さらにはかつて「アジア最大級の繁華街」とも称された歌舞伎町や、東京随一のバスターミナルであるバスタ新宿もある。そんな「大都市」と呼ぶに相応しいイメージがある一方で、新宿駅から一〇分も歩けば、豊かな自然が広がる新宿御苑もある。

大学生のわたしにとって新宿は「安い飲み屋がたくさんある」程度のイメージしかない街だったが、これだけ多様な顔をもっているのだから、いろいろな人が惹き寄せられるのも頷ける。

しかし、わたしが話を聞いたホームレスの方たちは、新宿に住もうとしたときにこうした新宿の姿を思い浮かべていたのだろうか。べつに百貨店や歓楽街があることが、路上生活に必要であるようには思えない。人によって感じる魅力は違うのだから、路上生活を送る彼らにとって、新宿にはまた別の魅力があるはずだ。では、彼らを惹きつける「磁力」とはいったいどんなものなのだろうか。

ところで、新宿に人を惹きつける「磁力」には、二種類あると思う。一つは「人を集める磁力」、そしてもう一つは「人を留まらせる磁力」だ。まずは一つ目の磁力から考えてみよう。

ダンボール村があった街

彼らはなぜ新宿を選んだのか。その理由を探るためには、いまの新宿の姿を見ているだけでは不十分だろう。新宿という街は時代を追うごとに変化してきている。だから二〇代前半のわたしの目に映る新宿と、わたしよりもだいぶ年上の彼らが見てきた新宿は違うはずだ。

たとえば、わたしのような若い世代にはほとんど知られていないが、新宿駅西口の地下には昔、「ダンボール村」と呼ばれる空間が広がっていた。これはバブル崩壊後の一九九二年ごろから、ホームレスたちがダンボールなどで家を作り、生活の場としたのがはじまりだと言われている。西口の地下は都庁へとつながっている。だからか、東京都はお膝元に広がるダンボール村をよく思わず、排除に乗り出した。行政からの退去命令に対し、ホームレスたちは支援者とともに抵抗した。しかし、一九九八年にタバコの不始末で火災が発生し、死者も出たことで、ダンボール村はほとんど強制的に撤去されてしまった。

そんな都庁の周辺でつい最近まで路上生活をしていたのが、現在四〇代後半のイクちゃんである。彼は一九九〇年ごろに、地元は北海道の旭川から上京してきた。仕事を求めて新宿に来たらしく、ダンボール村のことをよく覚えていた。開発が進み、いまでは様変わりしてしまったが、当時はホームレスたちが私物を道端に広げて好き放題にしていたという。

「ダンボール村を見たとき、ありえないと思った。異臭がすごかった」

そんな彼は、二〇〇八年ごろに職を失い路上生活を始めた。ダンボール村にあまりよくないイメージを抱いていたこともあり、最初は新宿ではなく渋谷を選んだ。しかし渋谷は再開発などで立ち退かされることも多く、寝泊まりできる場所が減ったため、二〇一二年ごろに新宿にやってきた。新宿を選んだ理由は、「土地勘があったし、なんとかなりそうだから」だと話す。

同じく都庁周辺には現在五〇代後半のキンジョウさんが住んでいる。彼は、一九八〇年ごろに沖縄から上京してきた。路上生活を始める前は、都内でいくつもの職場を転々としていたという。彼はダンボール村を直接目にしたことはないものの、その存在は当時から知っていた。そんなキンジョウさんがホームレスになったのは二〇〇〇年前後。どこへ行こうかと考えたときに真っ先に思いついたのが新宿だった。すでにダンボール村は消滅していたが、「なんとかしている人が多そう」と思ったからだそうだ。

「なんとかなると思ったんだよね」。新宿での路上生活を決めた心境を、二人ともそのように表現した。その背後には、ダンボール村の記憶がある。新宿とホームレス。この二つが彼らのなかで結びついた背景には、「新宿ホームレス史」があった。

しかし、だからといってこれが新宿に長く留まる理由にはならない。イクちゃんは約九年、キンジョウさんにいたっては約二〇年も新宿で路上生活を続けている。たしかに二〇歳前後で東京にやってきた二人にとって、新宿とホームレスはイメージとして結びつきやすいものだったのだろう。しかし渋谷や上野、池袋などにも路上生活を送る人がいることを考えれば、べつになにも新宿にこだわる必要はないように思える。それでも彼らが新宿にいるのはなぜなのか。二つ目の磁力の正体を探ってみよう。

なにをするにも便利な街

生活する場所がたとえ路上であっても、生きていかなければならない。そして生きていくには衣食住といった生活の基礎を満たす必要がある。イクちゃんもキンジョウさんも新宿で長く暮らしてきたところをみると、新宿はこれらを満たすのに足るのだと想像できるが、新宿は彼らの生活をどのように支えているのだろうか。

まずは食べることについて。多くの人が集まる新宿には、値段も安くお腹を満たしてくれるレストランや食堂が多い。たしかにこれは大きな魅力だ。イクちゃんもキンジョウさんもお気に入りの牛丼チェーン店や、足繁く通う惣菜店について話していた。ただ、これだけならほかの街であっても大差ないだろう。そのように尋ねると、二人は「炊き出し」の重要さを挙げた。

炊き出しとは、市民団体や宗教団体などが公園や広場で、生活に困窮する人たちに食事を無償で提供する支援活動のことだ。都内では、新宿、渋谷、池袋、上野などで行なわれている。しかし同じ場所で毎日のように実施されているわけではない。火曜日は上野、水曜日は池袋、金曜日は渋谷、土曜日は新宿といったように、曜日によって場所が違い、さらに場所ごとに食事の内容も違う。また、場所によって雰囲気も違うらしい。たとえばイクちゃんは、上野の炊き出しに行ったとき、そこで暮らすホームレスに「お前にもらう権利はない」と怒られたことがあるという。だからか「新宿や渋谷はそれ（文句を言われること）がないのがいいんだよね」とこぼす。

また、代々木や池袋の炊き出しにも顔を出すナガセさんという方がいる。彼はキンジョウさんと同じく、新宿に二〇年くらい住んでいる路上生活の大ベテランだ。彼は「新宿（に住んでいるとほかの地域の炊き出しへ行くのに）はアクセスがいいんだよ」と、都内の炊き出しを回るうえで新宿に住むことの地理的な長所を話してくれた。

次に寝ることについて。これは食べることより難しい。どんな場所でも寝ていいわけではないし、寝るのに適した場所も限られるからだ。では、どんな場所が寝るのに適しているのだろうか。

街なかを歩いていると、ホームレスが寝ている場所の多くは屋根の下であることに気がつく。イクちゃんやキンジョウさんが寝起きしていた場所の上にも屋根があった。理由を聞くと「雨風をしのいでくれるんだよね」と話していた。たしかにずっと傘をさしたままでは眠れないし、荷物も濡れてしまう。それに、屋根は日差しだって遮ってくれる。

屋根に関して話してくれたのが、ホームレス経験者で構成されるダンスグループ「新人Hソケリッサ！」に所属するヒラカワさん。笑顔が渋い素敵なおじさんだ。西口のデパートの前で寝起きしていた彼は、新宿と池袋を比較しながら、「(池袋は)屋根が少なくて困ったんだよね」と話していた。そして「屋根が多いから新宿はいいんだよ」と。

たしかに新宿は、デパートの軒先や鉄道の高架下など雨風をしのげる場所が多い。そのなかでも都庁周辺は立体交差になっているので、多くのホームレスが寝泊まりするホットスポットになっている。しかし、本当に気をつけなければならないのは天候ではない。

治安がよい閑静な「住宅街」

「寝ていたらいきなり身体を触られて、寝袋にも刃物で穴をあけられたんだよ」

イクちゃんは以前に寝ていた場所でこんな体験をしていた。寝る場所を変えてからはそのような目に遭っていないそうだが、想像するだけでわたしは背筋が凍りそうになった。

盗難などに遭わないのも重要だ。イクちゃんは寝具や衣類、そして収入源である雑誌『ビッグイシュー』以外にも多くの荷物を持っている。そのなかでも特徴的なのがバランスボール。「これに乗っているときが楽しいんだよね」とあっけからんと話していたが、生活必需品でもない大荷物を毎日持って移動するわけにもいかない。

「前に別の場所に一人でいたときは頑張って隠してたんだけど、誰かに見つかって盗られたんだよね」。具体的になにを盗られたのかは聞けなかったが、イクちゃんは苦々しそうにそのときのことを話していた。一方で都庁前は何人かのホームレスが隣りあわせに荷物を広げて生活しており、つねに誰かが荷物のそばにいる状況にある。そのおかげか、都庁前に移ってからは荷物を盗られたことはないらしい。彼いわく、都庁前は「治安がいい」という。雨風などよりも怖いのは人間なのかもしれない。

イクちゃんは、治安の話をしていたときにこんなことも言っていた。「(都庁前は)人通りが少ないからね。人が多いと気になって寝られない。でもまったく人が通らないのは嫌だね」。人通りが多いとうるさくて寝られないが、まったく人が通らないと急病にかかったり、酔っぱらいに襲われたりするなど、危険が迫ったときに助けを求められない。

考えてみると、これはホームレスに限った話ではない。わたしだって家の周辺が騒がしければ寝られず困るだろうし、だからといって、周りに誰もいない場所に一人で寝泊まりするのも心もとない。その点、都庁周辺はビジネス街なので昼間は人通りが多いが、夜になるとまばらになる。多くの飲み屋は駅の反対側にあり、帰宅ラッシュを過ぎれば静かだ。わたしにとっての都庁は、夜にはライトアップされる西口の超高層ビル群の象徴だ。なにより日本の首都・東京の政治の中心である。その真下で暮らすホームレスの方たちをはじめて見たとき、わたしはなんとも言えない気持ちになった。しかし彼らにとってここは、治安がよい閑静な「住宅街」だった。

ところで、ちょうどよい人通りの基準もそれぞれ異なるのはおもしろい。都庁前のように静かな場所を選ぶ人もいれば、騒がしい駅の構内を起居の場とする人もいる。もちろん新宿ならどこでも住めるというわけではない。ただ、夜中に新宿を歩くと驚くような場所でホームレスが寝ているのを見かける。わたしも「ここで寝るのは嫌だな」とか「ここならなんとかなりそうだな」とか考えながら歩いてみた。すると、思っていた以上に、寝られそうなスペースがあることに気がついた。多様な顔をもつ新宿だからこそ、自分に合った場所を、より見つけやすいのかもしれない。

「なんとかなりそう」な街

食べることと寝ることのほかに、衛生面でも新宿は魅力があるようだ。病気にならないためには身体や服を清潔に保たなければならない。さらには、体臭がきつかったり、あまりに格好が汚かったりすると、日雇いの仕事を受けるときや飲食店で食事をするときにも支障がでてしまう。いまではネットカフェなどにシャワーが設置されていることもあるが、それではお金がかかってしまう。しかし新宿区内には、ホームレスが無料でシャワーを使える施設が二カ所あり、体を清潔に保つことができる。清潔さの基準も人それぞれだが、たとえば「シャワーを浴びなくて耐えられるのは三日が限度なんだよね」と話すイクちゃんのような人にとって、新宿は衛生面でも快適な場所のようだ。また、洗濯機もホームレス用に無料で使えるものがあり、有料にはなるが駅周辺にも安価で利用できるコインランドリーが数軒あるのでとくに困らないという。

少し驚いたのが、ホームレスのなかにはスマホを持っている人が意外と多いということだ。SIMカードは入っていないが、新宿には駅や新宿区が提供している無料Wi-Fiがいたるところに飛んでいる。彼らは中古の格安スマホを手に入れて、YouTubeで好きな動画を観たり、仕事探しに使ったり、SNSを利用したりしている。そこで問題となるのは充電だが、ファストフード店やコンビニのイートインスペースには、無料の充電スポットが設置されているので問題ない。

わたしは新宿を飲み屋街くらいにしか思っていなかったが、彼らの話を聞くうちに、新宿が住み心地のよい街に思えてきた。東京には新宿以外にも、ホームレスが生活している場所はいくつかある。それぞれの街に路上生活をするうえでの魅力があるのだろう。ただ、少なくともこれほどいろいろなものが充実している新宿は、路上での生活も「なんとかなる」場所なのだ。

住むなら都？

「住めば都」という言葉がある。どんな場所に住んでいても、慣れれば居心地がよくなるという意味だ。そうはいっても、わたしたちは住む場所を選ぶ際、立地や周辺の住環境を重視する。最近ではコロナ禍でテレワークが進み、都心から離れた場所に家を買う人が増えたというニュースも目にする。「よりよい住環境」を求めて、都心から離れているというのだ。

しかし一方で、新宿にはホームレスを惹き寄せる磁力があった。食には困らず、都内各所へのアクセスもよいし、比較的静かに安心して寝られる場所もある。

そんな場所が、東京のなかでも「一等地」の部類に入る場所にある。そんな新宿は、首都・東京の政治の中心でもあるが、ここで生活するイクちゃんたちからすれば、「住まば都」といったところなのだろう。

住まば都、新宿

排除と言えば排除

柴田　菜帆

はじめての上京で見たあの光景

「えぇー！　都心のビルってこんなに高いの？　すごい！」

母とそんな会話をしながら、二年前のわたしは新宿の街を歩いていた。大学進学のために静岡からはじめて上京し、いままで見たことのなかった高層ビル群に目を丸くした。テレビ画面越しでしか見たことのなかった実物の街に、興奮を隠しきれなかった。

気持ちの高ぶりを抑えられずにいた、そんなときだった。突然、目の前にそれまでとはまったく違う光景が現れた。

路上に散らばる数え切れないほどのお酒の缶、その横でダンボールに座ってぼーっとしたり寝たりしている高齢男性たち。その近くにひっそりと、いや、ずっしりと並べられている、台車に積まれたスーツケースやダンボール箱。憧れのキラキラとした都会の風景とは真逆の世界が、街並みを見上げてばかりいたわたしのすぐ足元に広がっていた。

しかし周囲を見渡すと、そんな状況には目もくれず、そそくさとどこかへ向かう無数の人たちがいて、なんとも複雑な気持ちになった。

わたしは子供のころアメリカに住んでいた。アメリカでは、ホームレスがいるところは治安の悪い街だという印象がある。そのため、治安がいいはずの日本にホームレスが存在するなど想像もしていなかった。実際、地元の静岡ではホームレスを見かけたことは一度もなかった。

なんとなくネットニュースを調べていると、駅構内に居座るホームレスについて地域住民が運営会社に苦情を入れ、ホームレスを半ば強制的に退去させた、というネット記事があった。そしてそのコメント欄には、「本来住むべきでない場所に寝るほうが悪い」「税金を納めていないのに公共空間を占拠するなど不愉快」などと、辛辣なコメントが溢れていた。そしてわたしも「その通りだ」と、彼らの意見に同調していた。

それから新宿に行くたびに、清潔感がなく、だらしないホームレスの姿が目についた。ときおり異臭も漂ってきて、やはりいい気分がしなかった。ホームレスは「公共空間を占拠して都市の景観を汚している、社会のお荷物」のようにも見えた。「どうして、働いて家に住むという普通の生活をしないのだろう。いや、もしかしたらそんな当たり前のこともできないのかもしれない」と、少々軽蔑に似た感情を抱きつつ、大学生活の一年目を過ごした。

そんなわたしの考えは、二年生のときに興味本位で受講した大学の講義で丸ごとひっくり返されることとなった。彼らは、「社会のお荷物」であるどころか、この社会のいびつな構造によって生み出された人たちだったのだ。にもかかわらず、わたしたち、そして社会は、彼らに冷たいなまざしを向けている。そしてそれを見えないかたちで最も如実に表しているのが「排除アート」だった。

ホームレスを追い出す「アート」

「排除アート」とは、「目的外の利用を防ぐようにデザインされた、公共空間の建造物」のことだ。おもに路上生活者の支援団体がこの言葉をよく使っている。英語では「hostile architecture」(敵対的建築物)という語が同義とされていて、「人が特定の場所に長時間滞在することを防ぐための建築物」という意味だ。

たとえば、「これがアートなの?」と思わず首をかしげてしまうが、真ん中に不自然な手すりや仕切りがついたベンチ。建築評論家で東北大学大学院教授の五十嵐太郎によると、こうしたベンチはホームレスが寝そべることができないようにデザインされたもので、一九九〇年代後半から見られるようになり、徐々にその数を増やしていったという(「排除アートと過防備都市の誕生。不寛容をめぐるアートとデザイン」)。わたしが新宿で話を聞いたホームレス男性も、「ああいうベンチはね、僕たちが寝床にしてベンチを占領しないように作られたんだ」と、その設置目的をきちんと認識していた。

さらに、空間を埋め合わせるように置いてある鉢植えや、公共空間の隅っこに置かれている三角コーンなどにも、「ホームレスにその場所を使わせない」という意図をもったものがあるらしい。

たとえばわたしたちが親しくしていたニシさんは、新宿駅南口にあるバスタ新宿の三階には、

「一〇年ほど前までは居座ることのできるベンチがたくさん設置されていた」と話す。しかし、現在はそのほとんどが撤去され、観葉植物に置き換わっている。仕切りのついたベンチも、鉢植えや三角コーンも、上京してから何度も目にしたことはあったが、そうした身近なものに、排除の意図が込められていることなど想像したこともなかった。

新宿駅西口の地下通路に、都庁の方向に伸びた「動く歩道」が設置された背景も同様だった。これは、一九九〇年ごろにあったダンボール村の排除を目的に造られたそうだ。一般社団法人つくろい東京ファンドの代表理事を務める稲葉剛も、「東京都は一九九六年一月二四日早朝、『動く歩道』の設置工事を行なうという名目のもと、四号街路のダンボール村強制排除を強行した」（「新宿ダンボール村の歴史」）と、当時のことを述懐している。

公共空間が多くの人にとって利用しやすいように設計されるのは理解できる。しかし一方で、そのなかにはホームレスの排除を目的としてデザインされたものがある。そのことを知り、公共空間は誰もが自由に使える場所であるはずではなかったのかと思い、なんとも言えない憤りを覚えた。

結果的に寝そべり対策

こうしたベンチについて、行政はどのように考えているのだろう。

新宿駅新南口方面にある高島屋の前に、仕切りのついたベンチがたくさん設置されている。この管轄は渋谷区。そこで、渋谷区土木部管理課占用係に電話で問いあわせてみた。

そうして得られたのは、「そのようなベンチが置かれた理由は答えられない」という回答だった。駅周辺にはたくさんの店舗が乱立しており、スペースの管轄主体が入り組んでいるため、どのベンチがどの管轄主体によって設置されたか特定できないからだという。

ベンチの設置許可を出しているのは区だが、とくに変わった形状のものでない限りは設置不許可にはしないらしい。渋谷区に問いあわせるまで、ベンチの設置主体がそれぞれ異なるなど、考えたこともなかった。また、街にあるすべてのベンチが行政によって設置されているわけではないことも知った。

他の区ならどう答えるのか。新宿中央公園にあるベンチについて、新宿区みどり土木部みどり公園課に直接話を聞くことにした。公園にあるベンチなら、行政が設置していると思ったからだ。するとある担当者は次のように答えてくれた。「住所不定者の排除のためにやっているわけではない。明示的に仕切りをもうけることで、より多くの人がベンチで休憩できるようにしている。結果的に、寝そべり対策にはなっているかもしれないが。公共施設の一部を排除のために作るとは考えにくい」。

担当者によれば、東京都では「東京都福祉のまちづくり条例施設整備マニュアル」というものに準じて、ユニバーサルデザインを考慮して設計されたベンチを設置しているという。だから仕切りのついたベンチはホームレスの排除を目的としたものではないということだった。

もちろん、行政が「ホームレスにスペースを利用させないために仕切りをつけた」などと回答することはないだろう。そんなことを口にすれば炎上では済まされない。とはいえそうした邪推抜きに彼らの回答を受け取ったとしても、結果的にホームレスがベンチを利用しづらくなっているという事実に変わりはない。

では、当のホームレスはこうした「排除アート」をどのように捉えているのか。わたしが気になったのは、「拠点としている場所になにかモノが置かれたりして移動したことはあるか」、そして「排除アートは生活に支障をきたすか」の二つだった。「迷惑だ」「困っている」そんな返答があるのかと思っていた。しかし話を聞いた人たちの回答は、そうしたものだけではなかった。

寝られなくても拠点は変えない

イワモトさんは、秋葉原駅付近と新宿駅付近の二拠点で生活していて、路上生活を始めておよそ一〇年になる。イワモトさんは、寝起きしていたスペースに、「大掛かりではないですが、ゴミ袋や植木鉢、自転車、原付バイクなどを（嫌がらせで）置かれたことがありました」と話す。

しかし、「拠点を変えたことはないですね」とも言い添える。なにかが置かれたくらいでは、居住場所を変えるほどの理由にはならないのだという。ただ、いま住んでいる場所では「正義面をした男女」に寝ているところを邪魔されたり、物が盗まれたりと、嫌がらせを受けることもあると迷惑そうに語っていた。話には聞いていたが、実際にそうした「弱い者いじめ」のようなことが行なわれていることにショックを受けた。

イワモトさんはまた、睡眠時の九割はベンチを利用しているため、手すりつきのベンチが増えたことについて、「満足に眠れないから、生活に支障はきたすと思います」と、淡々と答えた。睡眠時間は四時間ほどしか取れず、どうしても眠りが浅くなってしまうという。しかしだからといってほかの場所に移動することはないようだ。

追い出されたら次の場所

現在は生活保護を受給しているヒラカワさんは、少し前まで新宿の路上に住んでいた。路上生活をしていたころのことを思い出しながら、「前に寝ていたところにオブジェができている！と思ったことはある」と話す。しかし驚いたことに、オブジェができて寝場所を変えることを余儀なくされてしまったにもかかわらず、そのことに対して彼はなにも抵抗感を抱いてはいないようだった。「もし居場所がなんらかのかたちで奪われてしまったら、次を探さないとな」と思いながら日々生活をしていたらしい。寝られなくなったならほかに寝られる場所を探す。寝場所が奪われるなど絶望的な事態ではないかと強く思っていたわたしにとって、そんなヒラカワさんの柔軟な考えは意外で、また驚きでもあった。

とはいえ、ヒラカワさんは当然のことながら排除アートを肯定しているわけではない。実際、「そこまでしなくてもいいんじゃないかと思う」と彼は話す。しかしだからといって生活が立ち行かなくなる、というわけではなかったようだ。

行政を上回る人たち

新宿駅西口で雑誌『ビッグイシュー』を売っているイクちゃんは、二〇〇八年ごろに渋谷で路上生活を始め、二〇一二年から新宿で生活をしていた。

そんな彼に「拠点としている場所になにかモノが置かれたりして移動したことはあるか」と質問すると、「イベントのときには注意書きが貼られて追い出されるけど、夜は居られるから従順にしたがうよ」と、唖然とするほど飄々とした口調で答えた。

たとえば彼が寝場所としている都庁前がスタート地点になる東京マラソンでは、開催の数日前から「荷物を○日までにどかすように」、といった張り紙が貼られ、その場から退去させられるという。しかしそれは一時的なもので、イベントが終われば また以前と変わらない状況になるという。たしかに一時的に「排除」されはするが永久的なものではないため、とくに困ってはいないというのだ。

また、「排除アート」については、「手すりのあるベンチで（強引に寝転がって）寝る人は実際にいて、行政（の思惑）を上回っている。でも、自分の周り（知り合い）にはいないし、自分も寝ない」ということだった。やはり、手すりや仕切りつきベンチで寝るのは至難の技らしい。でも、そんな荒技をやってのける人もいるとは驚きだ。

ホームレスの責任?

新宿駅周辺の小さな公園で暮らすカナイさんは、とても話好きでどんな相談にものってくれる、やさしくておもしろいおじさんだ。彼からも「排除アート」に対する見解を聞くことができた。その言葉はとくにわたしの心に強く残っている。

それは、「仕切りのついたベンチが作られたり、ベンチの数が減ってしまったりしているのは、自分たちホームレスの責任でもあるんだよ」という言葉だった。ホームレス側の態度が悪かったり、後始末をしなかったりといった素行の悪さが、現在のようなホームレスにやさしくない街をつくってしまったというのだ。

「排除アート」という言葉を知ってから、ホームレスは行政の「被害者」だとやみくもに思っていた。しかし当のホームレスが、排除の一因が自分たちにあるという言葉を発したことで、わたしは「排除」の是非を論じる難しさをまじまじと感じた。

ソーシャルディスタンス？　なわけないけれど

路上は寝る場所ではないし、わたしたちが考える家のように安心・安全に寝ることのできる場所でもない。実際に路上は車やバイクの騒音がひどく、暑さや寒さにも晒される。ただでさえ寝るのに適していないのに、せっかく見つけた寝場所から追い出すなどあってはならないことだと、いまでも思う。

しかし新宿の路上で話を聞きながら、考え方が人によってまったく異なることに驚いている。「ホームレス」という言葉で一括りにしていたときには見えなかったことだった。現実を理解するためには、勝手な思い込みを信じず、目の前にいるひとりひとりと向きあうことが不可欠なのだと知った。

「排除アート」を入り口に多様な考えに触れるにつれ、わたしはなにが正しく、なにが間違っているのか、わからなくなってしまった。設置されたオブジェを「排除だ」と批判する人の意見も十分に理解できるし、行政の言い分も理解できる。地域住民も、自分の住む街にホームレスが居座っていたら迷惑だ、と考える人がマジョリティだろう。わたし自身も、もしホームレスに関する講義を受けていなかったら、同じ反応を示していたように思う。しかしその一方で、「排除アート」を意にも介さずに路上を生きる人たちもいた。見方を変えるだけで、それぞれにいろいろな考えがある。どれが正しく間違っているかは一概にはいえない難しさを感じている。

もちろん寝場所を追われて本当に困っている人たちもたくさんいるだろう。しかしそこまで困っているわけではないという人たちもいる。現実を知るには、そうした人たちの声もまた、しっかりと受け止めなければならないのだと痛感した。

生活に支障があるとはいえ、その場に居つづけるイワモトさんに、排除されれば別の場所に移るというヒラカワさん、そして手すりがついていようが寝る人もいることを教えてくれたイクちゃんなどの話を聞くと、「のけ者にされてかわいそう」と言い切れるほど、彼らは「弱者」ではなかった。いろいろな人がいる。改めてそのように思った。

話は変わるが、二〇二〇年三月末に大学のオンラインイベントを通じて知りあった留学生と一緒に、皇居の周りを散策する機会があった。その際、仕切りのついたベンチがあちらこちらに設置されているのが目に入った。

「やっぱり普通のベンチはほとんどないんだな」と思いながら歩いていると、留学生の一人が、「ベンチのあいだにある仕切りは、コロナ禍でのソーシャルディスタンスのためにつけられているものなの？」と質問してきた。「排除アート」のことばかり考えていたわたしはソーシャルディスタンスという切り口にびっくりして、この問いに「たぶん違うんじゃないかな」と曖昧な答えしか返すことができなかった。

解釈に正解も間違いもないのかもしれない。まずは目の前の人に向きあうべきだとは思うけれど、ものごとの見え方は本当に人によってまったく違うんだと、また別の角度から思い知らされた。留学生のひと言もまた、未だにわたしの心にわだかまりを残している。

歩くのが仕事

小田　青空

新宿から上野までなぜ歩く？

　新宿から上野に向かうとしたら、あなたはどうするだろうか。わたしなら、「電車を使う」と即答する。都心部をグルっと周る山手線を使えば、たった二〇〇円で、三〇分もかからないからだ。学生のわたしにタクシーを使う選択肢はない。電車を使うのがいちばん安上がりで、無難な移動方法だと考える。

　しかし驚いたことに、新宿から上野まで歩くホームレスがいた。そのことを知ったとき、はじめは「お金がないからだろう」と思った。しかしよくよく話を聞いていくと、それは間違いだとわかった。上野まで歩くことは、彼にとって重要な「仕事」だったのだ。

おにぎり三個分損をする

　そもそも彼はなぜ上野に向かっていたのか。それは、炊き出しが行なわれているからだ。東京ではおもに、上野や新宿、渋谷、池袋など、ホームレスが多く住んでいる地域で、毎日のようにどこかしらで炊き出しが行なわれている。わたしが話を聞いた新宿に住むホームレスの多くも、実際に炊き出しを利用し、お腹を満たしていた。そしてそのなかに、新宿からはいちばん距離のある上野まで、電車を使わずに歩いて向かう人がいたのだ。

新宿から上野までは、「よし、歩こうか！」と気楽に言えるような距離ではない。道のりにして片道約八キロ、往復では約一六キロにもなる。だいたい箱根駅伝の一区間分弱くらいだ。とはいえ数字だけ見てもピンとこないので、カロリーをどのくらい消費するのか、真面目に計算してみることにした。結果は次の通りである。

一般的な成人男性（体重は六〇キロと仮定）がのんびり時速三・二キロでこの距離を歩いた場合、往復にかかる時間は約五時間、消費カロリーは九〇〇キロカロリー弱となる。おにぎり一個がおおよそ一八〇キロカロリーなので、おにぎり五個分のカロリーを消費することになる。しかし、上野周辺で行なわれる炊き出しのメニューを見てみると「おにぎり二個」というものが多い。これでは「おにぎり五個分」にはとうていおよばない。つまり「炊き出しのために新宿から上野まで歩いて往復する」ということは、「おにぎり五個分のカロリーを消費して、おにぎり二個をもらいに行く」ということになる。言い換えれば、お腹を満たしに行くことで、おにぎり三個分、かえって損をすることになるのだ。

もちろん、当人たちはカロリーがどうとかいちいち考えているわけではないだろう。栄養面からみるとたしかに損だが、そんなことよりも空腹を満たすことが最優先事項だ。しかし仮にそうだとしても、炊き出しのために往復で五時間も歩くことに、わたしはどうも合点がいかなかった。たとえ上野でお腹を満たせたとしても、二時間半歩いてようやく新宿に戻ったころには、またすぐにお腹が減ってしまうと思ったからだ。

だからわたしは単純に「お金がないから」、もしくは「お金があっても電車賃をケチっているから」とはじめは考えていた。つまりほかの選択肢を選べず、仕方なく歩かざるをえないのだと。だから「彼はなんてかわいそうな人なのだろう」と思っていた。

しかし実際はそうではなかった。彼は公共交通機関を使えないのではなく、あえて使っていなかったのだ。そしてそこには、確固たる理由があった。

ヘビースモーカー舘ひろしの五時間

背の高いヒラカワさんのすらっとした立ち姿は、どこか舘ひろしを思わせる。それに、学生のわたしにもていねいな言葉遣いで話をしてくれる「紳士」だった。ただ、彼は話の途中でも「ちょっとたばこ吸いに行っていいですか」と、喫煙所に姿を消すほどのヘビースモーカーでもあった。生きがいを聞けば「たばこです」と即答し、「朝、起きてコーヒーを飲みながらたばこを吸うとホッとするんですよ」とにこやかに語る。そんなヒラカワさんはホームレス時代、上野の炊き出しに週四日も通っていた。しかも歩いて、だ。

ヒラカワさんは現在、生活保護を受給してアパート暮らしをしているが、二〇一〇年ごろからの約一年間と二〇一五年ごろからの約四年間は、新宿で路上生活をしていた。当時の寝場所は、新宿駅西口にあるカリヨン橋の上。かろうじて雨風がしのげるデパートのショーウィンドウの前に、寝袋を敷いて寝ていた。

起床は朝の六時ごろ。時間がやけに早いのは、デパートの開店準備が始まるからだ。その時間になると、警備員に起こされてしまう。そのことを知って、わたしはハッとした。たとえ起きたとしても、起きたままの状態でその場に居座ることはできないのだ。ここに、公共空間に住むホームレスならではの現実が垣間見えた気がした。「(警備員に)起こされる」とはつまり、「すぐにその場をどかなければならない」ということなのだ。

起こされたら居座れないし、文句も言えない。だからヒラカワさんは、起きたら(起こされたら)身支度をして、すぐに上野に向かう準備をし、そして歩きだす。

上野に着くのは午前一一時ごろ。炊き出しが始まる時間は支援団体によってまちまちだが、ヒラカワさんの場合は、配食予定時間のだいたい一時間前には到着するようにしていたという。とある教会が行なう炊き出しでは食事の前に説教を聞く必要があったりするうえ、会場にギリギリに着くとすでに長蛇の列ができていたりするからだ。最悪の場合、用意されていた食事が尽きてしまうこともあったそうだ。だから早めに会場へと向かっていた。しかしここで電車を使ってしまうと、なんの予定もないのに上野で約四時間も暇な時間ができてしまう。だから歩いて向かったほうが上手に時間を使えて都合がいい。

それにしてもものすごく時間がかかっているように思える。たとえば一二時から上野で炊き出しがあったとして、余裕をもって一一時に現地に到着したとしても、六時に起きてから上野に着くまでにおよそ五時間もかかっていることになる。ただ、話を聞き進めていくと、ヒラカワさんが時間をかけて歩くのには、別の目的もあることがわかってきた。

たばこ愛とドケチ精神

新宿から上野まで、計算上では二時間半で歩ける距離を、その倍の五時間もかけて歩いていたヒラカワさん。たしかに八キロというのは、それなりの距離だ。しかしたとえ信号に引っかかったり、若干の遠回りをしたりしていても、五時間というのはさすがにかかり過ぎではないだろうか。そこで、歩いているときになにをしているのかを聞いてみた。するとヒラカワさんはこう答えた。

「歩いていると、道にシケモクが落ちていたりするんですよ。あと、歩いていると自販機があるじゃないですか、あそこに残っている小銭を探したりしてるんです」

「シケモク」とは、たばこの吸い残しのことだ。ヒラカワさんはホームレス時代、お金に余裕があるとき（だいたい三〇〇〇円くらい）は新品のたばこを買っていたそうだが、ほとんどは道端に落ちているシケモクを拾って、たばこ欲を満たしていたと言う。

そして「（自販機に）残っている小銭」とは、釣り銭口に取り忘れられている小銭のことだった。「収穫」は一日あたり五〇〇円から二〇〇〇円ほどだったという。運がいいと、自販機に取り忘れられている金額にしては大金の八〇〇〇円ほどが一度に見つかったこともあったらしい。ヒラカワさんは上野に向かう道中で、血眼になってとまでは言わないが、目に入る自販機の釣り銭口にほぼ毎回手を入れて小銭を探していた。

それにしても、このたばこ愛とドケチ精神には話を聞いているときも思わず笑わされてしまった。たしかに道に落ちているシケモクや自販機に取り忘れられているお釣りは、時間をかけて歩いていないと絶対に発見できない。ヒラカワさんにとって歩くことは、生活に必要なお金とともに、嗜好品を手に入れるうえで重要な行為だったのだ。

炊き出しのために電車は乗らない

炊き出しに向かうまでの話はわかった。では、炊き出しの会場からはいつ新宿に戻ってくるのだろう。そこで炊き出しの終了時間を聞くと、意外な答えが返ってきた。

「おにぎりとかだと三回くらい並ぶので、だいたい一四時から一五時くらいになってますね」

炊き出しに並び直すという発想がわたしにはなかったので、思わず「並び直すんですか」と聞き返してしまった。たしかにおにぎりを二個もらえる炊き出しなら、三回並べば六個ももらえることになる。つまり計算上では、歩いて消費するよりも多くのカロリーを摂取できることになる。そしてなにより、お腹も十分に満たすことができる。

炊き出し会場をあとにすると、ヒラカワさんは新宿へと歩いて帰っていく。帰りともなると、その日はもう何時間も歩いていることになる。さすがに疲れてくるし、途中で眠りたくもなる。そんなときは、路肩の花壇に腰かけてのんびり一服していたという。ただ、いつも決まった場所ではなく、「疲れた」と思ったときにその都度、休めそうな場所を探していたらしい。そして彼はこうも話してくれた。

「本当に眠いときは新宿まで切符を買います。山手線ってずっと同じところを走ってるじゃないですか。そこで寝るんです」

本当に眠いときに限ってではあったが、電車に乗ることもあるようだった。つまり、彼はべつに「お金がないから」歩いていたわけではなかった。電車を使う選択肢をもちながら、あえて歩いていたのだった。では、なぜ普段から電車に乗っていなかったのだろうか。そう聞くと、ヒラカワさんは横を見やりながら少し考えて、こう答えた。

「たかが炊き出しのためにお金を使うのがもったいないんですよね。お金を使って炊き出しに行くなら、そのお金で近くのコンビニでパンとかコーヒーとか、買えるわけじゃないですか」

炊き出しのプライオリティー

実はヒラカワさんが歩いて上野まで行くのは天気がいい日だけで、雨の日はとくにどこへ行くわけでもなく、古本屋などで一冊一〇〇円のマンガを買い、新宿の屋内にあるデパートの喫煙スペースで読んだりしていた。そして、その日のご飯は近所のコンビニで済ませていたという。

わたしは当初、炊き出しはホームレスがお腹を満たせる唯一の場所であり、ホームレスも炊き出しがないとたちまち餓死してしまう、などと思っていた。もちろん、炊き出しは実際にホームレスにとって必要なものとなっているだろう。しかしヒラカワさんにとって炊き出しに行くのは、たんにお腹を満たすだけでなかった。起きてからのあり余る時間を消費するために歩くことや、その道中にあるシケモクや小銭を集めるためのものでもあった。

とはいえ、自販機から多少のお金を得ていたのなら、なぜ普段からコンビニでご飯を済ませなかったのだろうか。そのことについてヒラカワさんは、「『何かがあったとき』のために少しでもお金を持っておきたいんです」と言う。

だいたい二〇〇〇円くらいを念頭に置いていたそうだが、「なにかがあったとき」とはどういうときなのかを聞くと、こう返ってきた。

「なんかこう、急に仕事なんかの話が入ったりしたとき、そのときに交通費とかを持っていなかったら、面接とか本当に時間通りに行かなきゃいけないものに間に合わなかったりするじゃないですか」

わたしは、ホームレスはまったく稼ぎがないものだとばかり思っていた。しかし実際は、仕事をしているホームレスも一定数いる。仕事の内容は、おもに雑誌の路上販売や日雇いの清掃などで、ヒラカワさん自身もホームレス時代、路上で雑誌を売ってお金を稼いでいた時期があった。

仕事の面接は、時間厳守だ。一方で炊き出しは、ヒラカワさんにとっては「時間通りに行かなきゃいけない」ものではなかった。念のため、「仕事の面接に比べたら、炊き出しは『時間通りに行かなきゃいけない』優先順位が低めなんですね」と聞いてみた。するとヒラカワさんは、「そうですね」と笑いながら頷いた。

埋め合わせのために歩く

ところで、長らく路上生活していたニシさんから話を聞いたとき、彼は「家がないと暇なんだよね」と言っていた。最初、彼の言葉の意味がよくわからなかった。しかしヒラカワさんの話を聞いて、ニシさんの言う「暇」が、起きた瞬間から生まれる空白の時間のことなのだとわかった。そしてヒラカワさんは、この「暇」を埋め合わせるために上野まで歩いていたのだった。

路上において「生きていくこと」と「歩く」ことは、切っても切れない関係にあるようだ。暇な時間を埋め合わせることが基本だとはいえ、歩くことで生活に必要な資源を見つけ出すことが、彼らの生活を支えている。実際、ニシさんは、「ここだと無料で充電ができる」「ここに安いコインランドリーがある」「ここなら無料でシャワーが浴びられる」など、あまり人目に付かないような場所にある便利スポットを詳しく教えてくれたが、これらはすべて、自らの足で街を歩き回って見つけたものだった。だからニシさんは、こんなことも口にしていた。

「ホームレスは歩くのが仕事だからね」

都市のスキマに座る

須賀　美和子

スキのない新宿

東京は窮屈だ。どこを歩いても鈍色のビルがまるで覆いかぶさってくるかのようにわたしを取り囲む。日は陰るし空も狭い。そんな東京を代表する街でもある新宿は想像するにたやすく、建物がこれでもかというくらいに敷き詰められていて、路上は人だらけだ。

東京の中心地のひとつというだけあって、新宿には本当になんでもある。新宿駅から半径一、二キロの円を描いたら、おそらく一生困らないくらいなんでも揃う。だから多くの人が集まってくるのだろうが、わたしはそんなスキのない新宿が好きになりきれないでいた。新宿にいると、どうしても疲れるのだ。なんでも完璧にこなし、無駄なことは一切しないような人と一緒にいるとどこか気疲れする、あの感覚によく似ている。

そんなスキのない新宿の路上で生活する人たちがいる。いわゆる「ホームレス」だ。橋の下、ビルの隅、地下道の端。新宿を歩けば意識せずとも目に飛び込んでくる彼らの姿を初めて目にしたときは衝撃だった。とどまることのない人の流れとは裏腹に、ぽつんと地面に座りこむ彼らの姿が、わたしの目に焼きついている。ビル群と人ごみに疲弊しきっていたわたしには、そのなかに何時間も座りつづけているであろう彼らの姿が違和感の塊に映ったからだ。

わたしは歩き疲れるとよく座る。公園や河原、山道の切り株に座ることにはなんの躊躇もない。しかし、「新宿の路上」に座った経験はないし、むしろ抵抗がある。おそらくわたしが心に引っかかったのは、「新宿だから」だろう。そんな、スキのない新宿の路上に佇む人たちに興味を惹かれた。知りたい。ただそんな気持ちで、わたしは路上に座る一人の女性に声をかけた。

母ちゃんの「どこでも椅子」

ＪＲ新宿駅西口から地上に出ると、駅と道を挟んだ向かい側にあるデパートをつなぐ橋がある。雨雪をしのげるその橋の下の周辺に、何人かのホームレスが腰を下ろしているのは、以前から知っていた。

二〇二一年二月某日。その橋の近くで真っ赤な毛布を肩に掛けた高齢の女性が、一〇冊ほどの占い本や胡散臭い自己啓発本などを路上に広げて座っていた。「こんにちは」と声をかけると、穏やかな顔で「こんにちは」と返してくれた。「これはなにをしているんですか」と尋ねると、「好きなの持っていっていいよ」と目を細めた。売っているわけじゃないんだ。そう思って、「少し話をしてもいいですか」と彼女のかたわらに回る。

その女性はブルーシートが被さった大きな台車のなかから「これは来客用なの」と、小さな腰掛けを出してくれた。それ以外にもう二、三脚の小さな腰掛けがしまわれていたが、普段からそんなに多くの来客があるのだろうか。わたしは一瞬、路上に座りつづけるホームレスを見たときに受けた衝撃を思い出していた。

ここに座っていいのだろうか。変な目で見られないだろうか。そんなことを一瞬ごちゃごちゃ考えながらも、勧められるままに差し出された腰掛けに静かに座った。「お母さんのこと、なんてお呼びすればいいですか？」と聞くと、「母ちゃんでいいよ」と即答する。たった一言で、彼女とのあいだに気安い関係が生まれた気がした。

母ちゃんの路上生活歴は五年ほど。ＮＰＯ団体に所属して少しの収入を得ながら、路上で寝泊まりしているらしい。路上に広げてあるマニアックな本たちは、その団体から無償でもらってきたものだそうだ。本の横には端にひびが入ったお椀が置かれ、なかに四、五枚の小銭がちょろんと転がっている。

母ちゃんが差し出してくれた腰掛けに座ると、新宿の街並みをいつもと違う角度から見上げるかたちになった。それだけで、いままでと景色がまったく違って見えた。街の流れが速い。いつも以上に。でも不思議と、人波に身を任せて歩いていたときよりも心が疲れなかった。人の流れってこんなに速いんだ、路上に座っていても意外と誰もこちらを見ないもんだなと、そんなことまで呑気に考えられるほどだった。

母ちゃんが出してくれた腰掛けは、わたしが「スキがない」と感じた新宿の路上に、腰を落とせる場所を創ってくれる「どこでも椅子」だった。ただ路上に座ってみただけなのに、目を向ける先がホームレスから忙しなく道ゆく人たちへと変わるのだからおもしろい。

スキマに寝る

「ホームレスについて話が聞きたいんなら、ベテランを呼んであげるよ」。そう言って、母ちゃんはポケットから携帯電話を取り出して電話をかけた。

「いまどこにいるの。学生さんが話を聞きたいんだってさ！　来てあげなよ」

どうやらとても仲がいい人らしい。数分すると、髭の長い小柄な七〇代くらいの男性が歩いてきた。母ちゃんは当たり前のように「どこでも椅子」を差し出す。男性は「アズマ」と名乗り、路上生活歴は三〇年以上だという。ベテランと呼ばれるのも納得する。そんなアズマさんは朗らかでよくしゃべる。

母ちゃんの「どこでも椅子」のおかげで、自分が路上に座り、大ベテランのホームレスと談笑しているという非日常に麻痺しつつあった。けれど、わたしはいつでも自分のアパートに帰れる。

この非日常から抜け出せる。でももし、夜もここで明かさないといけないのだとしたらわたしはどうするんだろう。想像できない。路上に寝転んで一晩明かすなんて、ただ路上に座ることとはきっと次元が違う。ましてやそれがいつまで続くかわからない生活なのだ。だから、ベテランのアズマさんに寝る場所についても聞きたいと思った。

「俺はこの下（ＪＲ新宿駅西口の地下トイレ前）で寝るからね。駅なんだけど、タクシーの乗り場なんかもあるからシャッターが閉まんないの」

終電がなくなると駅の入口のシャッターが閉められ構内に入れなくなる場所が多いが、西口は違うらしい。アズマさんは続ける。

「でも本当は寝ちゃいけないんだから。道路だから寝ちゃいけないんだけど、まあ寝るとこがない人は段ボール敷いてね（路上に寝る）」

いろんな場所を回った結果、西口にたどり着いたのだろうか。終電後もシャッターが閉められない西口はまさに「穴場」だ。雨風をしのげるし、すぐ近くにトイレもある。でも駅構内で寝て、さすがに注意されないのだろうか。「時間は二三時から五時まで。そういう約束で一応ね。暗黙ね。正式な許可じゃないんだけど、暗黙の了解でね」と、アズマさんは少しだけばつが悪そうに言った。

シャッターが閉められるとそもそも駅構内には入れない。かといって路上は寒かったり、真夜中でも車のエンジン音が煩わしかったりで安心して寝られない。シャッターの閉まらないＪＲ新宿駅西口の地下トイレ前という場所は、そんな眠らない街、新宿で寝ることのできる「スキマ」なのだろう。

それだけではない。アズマさんが語った「暗黙の了解」という言葉にわたしはハッとした。駅構内で寝ることは、たしかに公に許可されるような行為でないことは想像にたやすい。そこの管理者も、ホームレスがいることはもちろん知っている。地下トイレ前から追い出したとて、別の場所に移動してもらうしかない。「暗黙の了解」として、管理者は終電がなくなってから始発までの、駅が眠る二三時から五時までの「時間的なスキマ」を許しているのだ。「公共の場に寝ることは許さない」と「寝ることを許可する」というルールとお情けの綱引きの結果、導かれた「暗黙の了解」に、管理者側のふところにある「スキマ」が垣間見える。

アズマさんが言う二三時から五時までのJR新宿駅西口地下トイレ前は、そんなさまざまな「スキマ」が重なりあう場所なのだろう。そんな場所で、今日もアズマさんは夜を明かす。

生き残るスキル

はじめて母ちゃんとJR新宿駅西口で出会った日から数週間が経ち、わたしはまたあの場所に足を運んだ。すると、真っ赤な毛布を肩にかけた母ちゃんがすぐ目に入った。

「こんにちは」と声をかけると一瞬不思議そうな表情を浮かべるも、すぐに「ああ、ああ」と表情が緩んだことに、わたしは少しほっとした。母ちゃんの近くには毛布にくるまってうたた寝するアズマさんと、もう一人、六〇代くらいの男性がチューハイの缶を片手に座っている。

「この人はね、大親友なの」と、母ちゃん。ガハハとかすれた声で大きく笑う、目力のあるその男性は、「みっちゃん」と呼ばれているらしい。聞けば、みっちゃんも長らく新宿の路上で生活をしていたそうだ。生活保護を受給しはじめて、いまは住むアパートがあるらしいが、みっちゃんは「あんなの（アパート）意味ねえ」と一蹴する。そして清々しく笑う。「昨日もここ（新宿駅西口の橋の下）で寝たよ」。

「アパートがあるのになぜ？」と、混乱した。大親友の母ちゃんやアズマさんといった、路上生活をともにした仲間と、長く路上でサバイブしてきたことを過去のものにして、一人でアパートに帰るのがおもしろくないらしい。母ちゃんやアズマさんが以前わたしに話してくれたように、路上で生き抜くためには、座ったり寝たりするための場所を見つけたり、小銭や支援を受けとる方法を模索したりと、さまざまなスキルがいる。そんなスキルを路上で長い時間をかけて習得してきたのに、アパート生活をするとそのスキルが急にいらなくなるのだ。

たしかにそれはつまらないかも、と半分くらい腑に落ちつつ、やっぱりまだ理解しがたい。でも、「昨日もここで寝たんだ」と言うみっちゃんの顔はくしゃくしゃの笑顔だった。「これから南海トラフなんかきてみな、わしらみたいなこういう人が生き残るんだよ」と、みっちゃんは真顔になって語る。

東日本大震災を思い出した。当時、わたしは中学生だった。直接的な被災はなかったが、テレビに映し出される惨状に頭が追いつかずに言葉を失った。計画停電によって調理場が動かせなかったため、しばらく学校給食は白ごはんとふりかけ、牛乳のみということもあった。もし、被災地に住んでいたら？　もし、家が倒壊していたら？　お金もなかったら？　食事は？　トイレは？　寝る場所は？　そんなことを考えていた当時の記憶が一瞬で頭を駆け巡り、みっちゃんの言葉がズンと重くのしかかった。

それだけ、路上で生きることは厳しいものだということ。だからこそ、路上生活スキルを習得したみっちゃんには、どんな状況になっても生き残れるという自負がある。彼の言葉には説得力がありすぎた。

スキだらけの新宿

新宿にはスキがない。そう思っていた。どこを歩いてもビルだらけ、人だらけ。そんな新宿の路上で生きている人たちに出会って、言葉を交わした。母ちゃんの「どこでも椅子」で新宿の路上に座ったあと、路上に座ることに対してあんなに違和感を抱いていたのはなんだったのだろうかと考える。

新宿という街を造りあげるビル群とそこに群がる人たち、そして建物と人間を管理する誰か。いろんな要素が絡みあって、新宿という街が複雑に作り出されている。煌びやかなビルで買い物をしてなにかを消費して、人ごみを掻き分けて最短距離で移動し、用が済んだら家に帰る。この場所ではこうして過ごすもの、と知らず知らずのうちに空間を意味づけていて、しかもそれが新宿にいるほとんどの人びとのあいだでなぜか共有されている。だから、そんな新宿の路上で、ただなにをするでもなく、路上に座りこんでいる人たちの姿が、わたしのそれまでの新宿像と大きくズレていて、強く印象に残ったのだった。

母ちゃんの「どこでも椅子」で路上に座るのも、アズマさんの寝る場所も、わたしが知らなかった新宿の「スキマ」だった。「座るべき」場所じゃなくても、座ろうと思えばどこでも座れる。路上に寝ざるをえなければ、寝られる「スキマ」がある。そしてそれは、アズマさんが路上生活をしているなかで時間をかけて見つけだしたものでもある。

母ちゃんと、アズマさんと、みっちゃんと。路上に座ってはじめて見えた新宿は、「スキだらけの街」だった。そんな彼らを「スキマ・サバイバー」と名づけてみた。そしてそんな彼らが生きる新宿を、わたしは前より少し好きになった。

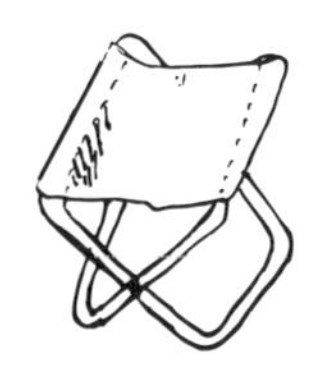

あげっぱなしの見返りいらず

藤賀　樹

部屋の中より道の上

新宿駅西口の路上で生活している人たちのなかでも、ヨロズヤさんはどこか不思議な雰囲気を漂わせている。ひょろっとした体つきで背中を少し丸めて座る彼の前にはいつも、「ホームレスの詩」と題した色紙が五枚ほど並べられている。「義理と人情で悩むときは情を選ぶべし」という古風でやや堅いものから、「男と女のラブゲーム　勝つのはいつも女です」というクスッと笑えるものまで、いろんな言葉たちが並ぶ。その日に思いついたことを書き綴り、欲しがる人に無料であげているのだという。

そんなヨロズヤさんは、公務員として働いていたこともあって、いまは年金を受給している。だから実は、ちゃんと住む部屋を持っている。それなのに、もっぱら新宿の路上で寝泊まりしている。そのわけを尋ねると、さも当然かのように、こう言い放った。

「だって部屋にいると鬱になっちゃう。ここにいたら仲間がいる。俺は定年してから九年間、鬱だった。テレビ観て新聞読んで、壁に向かって話す、そんな生活だよ。娘からの電話で目が覚めた」

面食らってしまった。「ホームレス」というと、独りで寂しく生活しているというイメージが、僕のなかですっかり出来上がっていたからだ。まさか孤独をまぎらわすためにわざわざ路上で生きることを選ぶ人がいるなんて。ガツンと頭を殴られたような感じがした。

僕と話しているときも、ホームレス仲間はもちろん、彼の詩のファンだと言うおばさんや、仕事をしていたころの友人までもが談笑しに訪れていた。そういった仲間たちと身近に触れあえる場所が、彼にとっては路上だった。

信用していないからあげる

「ここには仲間がいる」という言葉を聞いてから僕は、ヨロズヤさんが周りのホームレスの人たちをみんな親しい友人のようにみているのだと勝手に思い込んでいた。でもどうやらそれほど単純ではないようだ。そう気づいたのは、別の日にこんな話を聞いたからだった。

「ここには親友はいない。言っちゃわるいけど、誰ひとり信用していない。さっきの奴（ヨロズヤさんのもとにタバコをもらいに来たホームレス）だって、タバコもらって『明日返す』って言ってたけど、どうせ返さないよ。だからお金も俺はあげる。貸さない。貸すって考えると、頭がおかしくなる」

僕の頭はすっかり混乱してしまった。うれしそうに仲間のことを話していたかと思えば、今度は「親友はいない」などと口にする。それに、親しい友人がいないどころか、「誰ひとり信用していない」とまで言うのだから、ちんぷんかんぷんだった。

とくに引っかかったのは、仲間のことを誰も信用していないのにタバコやお金をあげる、そして貸すのではなくあげる、というところだ。貸すという意識でいると、つい相手にお返しを期待してしまうから、いっそのことあげてしまうのだろうか。しかしそもそも、気心の知れた相手とはいえ、なんの見返りも求めずに物をあげるなんて、ありえることなのだろうか。少なくとも僕は、信用できる人や借りを返す見込みがある人にしかお金や物を貸したことがない。だから彼の言っていることがまったく理解できなかった。

もらったからあげる

相手に見返りを期待せずに物をあげているのは、ヨロズヤさんだけではない。

オオミヤさんのもとを訪ねると、だいたいの場合、彼はなにかしらを配り歩いている。あるときはどこかから拾ってきた寝具マットの部品であったり、またあるときは自分で買ったせんべいの詰め合わせだったりする。さらに、値段が高いことを何度も嘆いていたタバコを、それほどだためらう様子もなく仲間に差し出していたこともあった。そして物をあげて一言二言を交わすと、すっとその場を立ち去っていく。

そんな彼の姿にも、どこかすっきりしなかった。割に合わないように思える彼の行為が、腑に落ちなかったのだ。なぜオオミヤさんは出し惜しみすることもなく物をあげるのだろう。拾い物や駄菓子のようなちょっとしたお菓子ならまだしも、彼にとって貴重なタバコやそれなりの値段がするものを、なぜこうもあっさりと人にあげてしまうのだろう。同じ路上生活を送る仲間とはいえ、多少の見返りがないと、なにかをあげる気も起きないいんじゃないか。そういった疑問が自然と湧いてきた。そこで、なぜいろいろな人に物を配るのか聞いてみると、彼は淡々と次のように話してくれた。

「俺はいろんなところから飯をもらってくる。食えない人もいるから、そういう人たちにあげてる。全員が全員、飯をもらえる場所を知ってるわけじゃない」

これだけ聞くと、オオミヤさんが慈善活動家のようにも思えるが、べつに「世のため人のため」などと思って奉仕をしている様子は感じられない。そうするのがさも当然であるかのように、さらっと言い放つ。とはいえ、これで僕のもやもやが解消されたわけではない。僕の疑問は、なぜそれほど割に合わないことをするのか、ということにあった。

だから「オオミヤさんも人からなにかをもらったりするんですか？　タバコとか」、と少し角度を変えて尋ねてみた。すると今度は「あんまり。タバコは高いからねえ」とのこと。納得のいく答えが得られず、肩透かしを食らったような気分になったが、それ以上の言葉はなかった。

彼らが物をもらうとき

ヨロズヤさんとオオミヤさんを見ていると、彼らが人からなにももらうことなく物をあげているような印象を受けるが、彼らだって人から物をもらうことはある。たとえばオオミヤさんは「タバコを他人(ひと)からもらうのは憚(はばか)られる」と言いながらも、ヨロズヤさんからはタバコをもらっているのを僕は見たことがあった。そのときヨロズヤさんにちょっと言葉をかけてはいたが、まるで自分の物であるかのようにヨロズヤさんのタバコの箱に手を伸ばし、タバコ二本をすっと引き抜いていた。ちなみに、箱には一〇本ほどしか入っていなかったのだが、そんなことをされてもヨロズヤさんは怒る様子もなく、「おーまえ、一〇本しかないのに二本も持っていくのぉ?」と笑っていた。

また、ヨロズヤさんは、同じ新宿駅西口で暮らすイトウさんという人から借金をしている。イトウさんによれば、すでにかなりの額を貸していると言う。でも「あいつは話はおもしろいんだけどなあ。なんせ不真面目だから」と、軽く苦笑いを浮かべるものの、怒っている様子はない。貸したお金を返してほしいと思っているイトウさんと、借りっぱなしでいるヨロズヤさんが仲違いもせずに、すぐ近くで生活しているというのも、僕には理解しがたかった。

あるとき、「返してもらわないと困るんだけどねえ」とイトウさんが嘆いていたので、催促しないのかと聞いてみた。すると、「まあ不真面目な奴ってわかってるからね。本当に返さない奴はもうここに来ないから」と、なんともあっさりとした返答だった。

さらに驚いたのは、「さすがに、もうヨロズヤさんにお金は貸さないですよね」と確認程度の軽い気持ちで質問したときだった。しかしイトウさんは、「まあ、貸してって言われたら貸すよ」と答える。もはやなにがなんだかさっぱりだった。僕なら、貸したお金を返さない人にはもう貸さない。ただ損をするだけだからだ。でもイトウさんはそうではなかった。彼もまた、見返りを求めずにお菓子などをやりとりしていたが、お金も同じように貸して（あげて）いた。

もしかしたら、見返りを期待せずに物をあげるというのが、彼らのあいだでは普通なのかもしれない。そう考えてみると、ヨロズヤさんやオオミヤさんが気軽に人から物を借りられるのにも、少し納得がいくような気がした。というのも、そうするのが彼らのなかで当然のことであれば、人から物をもらう立場になったときに「お返しをしなきゃ」などと負い目を抱くことなく気軽にいられるからだ。

なにかをもらって「早く返さなきゃ」と思ってしまうのは、自分があげる立場になったときに「すぐに見返りがなかったら嫌だな」と感じるからこそだろう。いちいちお返しを意識しなければばならないのだとしたら、人に頼るのはとても面倒になってしまうはずだ。しかし僕が新宿駅西口で出会った人たちは、むしろ逆のことをやっている。見返りを期待せずに物を贈りあうことで、気軽に頼り、頼られる関係を築いていた。

見返りいらずの人間関係

彼らの行動や言葉から気づかされたのは、物をあげる際に、僕がいかに見返りを求めていたか、ということだった。はじめは、物をタダ同然であげてしまうなんてものすごく損なことをしているんじゃないか、などと思っていた。そう思ってしまうくらい、人になにかを与えるという行為は僕にとって特別だった。つまり、わざわざ見返りを必要とするほどのこと、別の言い方をすれば、見返りがなければあげる気にはならないほどのことだった。

それほど僕が人になにかをタダであげたくなかったのは、物やお金に対して「これは僕だけのものだ」とか「自分のために使いたい」といった意識で頭がいっぱいになっていたからかもしれない。そういう思いが強ければ強いほど、人に与えようという気持ちは失せていく。見返りがないかもしれないとなれば、なおさらだ。貸したお金が返ってこなかったらきっと、自分のために使えばよかったと後悔するに違いない。しかし、これは僕に限った話ではないだろう。

自分を優先して、なるべく人には与えない。与えるとしてもそれ相応の対価を欲し、それがもらえないと心のなかでチッと舌打ちしてしまう。そんなイライラを感じることが多かったからこそ、ヨロズヤさんたちのやりとりが新鮮に見えたのかもしれない。自分のタバコを勝手に取られても笑って済ます、貸したお金が返ってこなくても怒らない。損得勘定にすっかり絡めとられてしまっていた僕には、そんな彼らの寛容な関係がどこか魅力的にも思えた。

見返りや損得などはひとまず置いておいて、あげるときはあげてしまう。僕もちょっとやってみようと思う。「俺はあげる。貸さない」。そう言っていたヨロズヤさんのように。

やさしさ、ご自由にお持ちください

西村　明

やさしさを必要とする人、しない人

　ガタンゴトン、ガタンゴトン。

　二〇二〇年、夏。通勤ラッシュを避けても乗客が座席を埋め尽くし、それぞれの目的地に向かう列車に、わたしは揺られていた。

　キーッ。……プシュー。腰の曲がったおばあさんがシルバーカーを引いて乗ってきた。学生服を着た青年がおばあさんに気づき、「どうぞ」と席をゆずる。

　新宿駅で降車。街に出ると、人も車も目の前を忙しなく行き交っている。高架下の広い道の脇には何者かの侵入を拒むカラーコーンとバーが置かれ、横断歩道で立ち止まると音の出る信号機や点字ブロックが設置されている。

「この街には、わたしの知らない誰かのための配慮がきっとたくさんあるのだろう」。そんなことを考えていると、白杖をつきながら歩く男性を見かけたお姉さんが、ぽんっと彼の左肩に触れて、「大丈夫ですか。もう少し先に横断歩道がありますよ」と声をかけた。

席をゆずった青年や、目の見えない人に道案内をしたお姉さんのやさしさに、心が温まる。困っている人にはやさしくするべきだし、その相手が喜んでくれるなら、自分から積極的にアクションを起こすことはよいことだと思う。

教室で泣いている友達がいたら「どうしたの?」と声をかけ、静かに背中をさすってあげる。そんなやさしさを他人に向けるようにと、子供のころから教わってきた。やさしさを必要とする人はどこにでもいる。電車の中にも、街なかにも、教室にも。そして、路上にも。

路上で生活している人に対しても、やさしさを向けるべきだと思う。凍えるような冬に毛布を配って歩いたり、炊き出しの配膳に参加したり、道端に置かれた器の前を素通りせずにお金を入れたり。わずかだけども、わたしたちにできることはある。それに、住まいのない人に生活保護を支給することや、仕事がない人の求職活動を支援するなど、行政ができることだってたくさんある。そうしたわたしたちの、そしてこの社会のやさしさが、路上で暮らす人たちの助けになる。そう考えていた。

でもわたしは、そんなやさしさを拒むような人たちに出会ってしまった。「生活保護を受けたり社会復帰をするなんて考えられない」「路上のほうが断然生活しやすい。性に合っている」なんて、平気で話す人たちに。そんな彼らの言葉に、わたしは戸惑ってしまった。

やさしいんだよね、触れてこなくて

戸惑うきっかけをくれたのは、都庁周辺で路上生活をしているキンジョウさん、五八歳。声も身体も小さめだが、競馬を病的に愛しているおじさんだ。そんなキンジョウさんは、日中、時間をつぶすためによくマクドナルドにいる。とくにひいきにしているのは新宿のA店。なぜなのか。その理由を尋ねたとき、彼はこう言った。

「うん、あそこの店員さんはやさしいんだよね、触れてこなくて」

ファストフード店からすれば、回転率がいのち。店内利用の制限時間より長居していると注意されたり、そうでなくてもスタッフから無言の圧をかけられたりしても不思議じゃない。しかし彼が足しげく通うA店では、店内にいくらいても注意はされないし、空いたトレイを下げられることもないのだそうだ。わたしはキンジョウさんがさらりと「触れてこないこと」を「やさしい」と表現したことがすんなりと飲み込めなかった。身につけておくべきだと当たり前のように思っていた「手を差し伸べるやさしさ」と、キンジョウさんの言う「触れてこないやさしさ」が、いまいち結びつかなかったからだ。だからわたしは「やさしさ」について考えるようになった。

踊っていたい彼は、助けられたくなかった

ニシさんは、このプロジェクトでいちばん最初にコンタクトを取った人だ。声が大きく、よく

笑う。頭にカラフルなターバンを巻いていたりあごひげをおしゃれに結んでいたり、高円寺にいるレゲエ好きのにいちゃんっぽい風体をしている。そしてニカッと笑った口には、歯があまりない。

いまは収入も安定してきたので安いドミトリーを点々としながら生活しているけれど、かつては新宿で路上生活をしていた。過去にも当時のことを話す機会があったようで、身の上話などを噺家さんのようにおもしろおかしく語ってくれる。

詳しく話を聞くため、ニシさんの活動範囲となっている南新宿方面を案内してもらったことがある。「あそこに出たければ地下道をこうやって進んでいくといい」だとか、「ここのお店は休日だととても混むけれど平日ならすんなり席に座れる」だとか。街のおもしろ情報やお役立ち情報を次々と披露してくれるニシさんは、はたから見たら熟練の観光ガイドで、わたしたち学生メンバー一行は、さながらはじめて新宿に降り立った観光客のようだった。

ニシさんによる「南新宿ツアー」の最中、あるメンバーが彼にこう尋ねた。「生活保護を受ける気はないんですか」。ニシさんは頭をポリポリかき、少し照れながらこう言った。

「生活保護は社会復帰のためにあるものだからね、ハハハ。それに、生活保護を受けるとダンスができなくなっちゃうからね、ハハハハハ」

ニシさんは踊りが好きだ。路上生活を始めたきっかけも、そこで生きていこうと思わせたのも、ダンスだった。踊ることが彼の生きがいで、「なにがあってもその軸をぶらすことはできない」とまで言いきる。

生活保護を受けるとなると、ケースワーカーと話しあいを重ねたり、求職活動をしたり、関係書類を提出したりしなければならない。これらはもちろん、適切な支援を受けるために必須なことだが、いざ取り組むとなると自由な時間は減って、好きなときに好きなだけ踊るわけにはいかなくなってしまう。

だからバスタ新宿で「景色のように寝ることにした」と、独特の表現で話してくれたニシさん。忙しない都市の風景にまぎれ、溶け込んで、景色の一部として生きることにしたのだ。バスタ新宿だけでなく、デパートの給水機で水分補給をしたり、電車に乗って睡眠をとったりと、都市にあるいろいろなモノを資源として利用し、生きてきた。

独りでいることが寂しくなったときは、新宿駅東口のドン・キホーテ前にある水槽を泳ぐ、巨大なウツボを眺めに行ったそうだ。この「小さな水族館」を目当てにドンキ巡りもしたらしい。「浅草のドンキの水槽がナンバーワン！」と、ニシさん。本当は海の中にいたいはずなのに、隠れる十分な岩礁もない水槽の中で見世物にされ、それでも生きていく。そんなウツボと、路上で生活し、すぐそばを通り過ぎる人たちから異質なものとして冷たい視線を受ける自分とを重ねあわせていたようだ。

路上生活時代、雑誌『ビッグイシュー』の販売がほぼ唯一の収入源だったというニシさんだが、これについても「同情で買わないでほしいね。欲しい人だけ買ってくれればそれでいい、うん、ハハハ」と、からっと言った。そして、「自分は助けられたくなかった」と、どことなく意味ありげな言葉を残した。

稼いで食べるから、おいしいほうを選びたい

一度味わった「やさしさ」を、自ら手放す人もいる。北海道出身のイクちゃんは高校卒業後すぐに上京し、食品製造業や清掃業の会社を点々としたのちにホームレスになった。話を聞いたときは「現役」のホームレスで、都庁前でバランスボールを携えて暮らしていた。「いずれアパートに住むときがきたら使いやすくなるだろうなあ」と、バランスボールと一緒に生活する未来に思いを馳せ、「ボールは友達！」と、どこかの漫画の主人公のような台詞を口にする。そして晴れた日には『ビッグイシュー』の販売で新宿駅西口に立ち、雨が降ったら無料 Wi-Fi を利用できる店や場所から動かずに、一日中 YouTube でアニメやアイドルの動画を観て過ごす。

猛暑の夏にイクちゃんのもとを訪ねると、暑がりの彼は、首に巻いたタオルでときおり顔をぬぐいながら話してくれた。汗をにじませたオレンジ色のTシャツには、背中に「悟」の文字が書かれていた。そう、イクちゃんはサブカル好きのおじさんだ。

彼はかつて横浜にいた。そのときは生活保護を受けながら、小さな部屋で生活していた。毎月の書類申請や世話をしてくれる人たちからいろいろ言われることに面倒くささを感じながら、社会復帰に向けて日々を過ごしていた。しかし、市の生活課から連絡を受けた親が北海道から訪ねてきたことが嫌になり、たった三カ月で再び路上に逃げ出してしまったという。いつでも帰れる家を手にすることよりも、路上で、自由な人間関係のなかで生きることのほうが、イクちゃんにとっては大事だった。

そんなこんなで二〇〇三年ごろから路上生活を再開したイクちゃんだが、いまは居酒屋の日替わりランチでお腹を満たすことが多いらしい。そこになにか特別な理由があるのだろうか。

聞いてみると、以前は各地の炊き出しを利用していたが、「炊き出しはまずいから（自分で稼いでおいしいもの食べたい」と笑いながらバッサリ。お腹を空かしている人のために用意してくれた炊き出しなのに、まずいだなんてひどいじゃないか。ボランティアの人たちのやさしさを素直に「ありがとう」と言って受けとればいいのに。そうやって頼れる人や場所があるのなら、頼れるだけ頼ればいいのに。

やさしさを差し伸べる難しさ

新宿の路上をあとにしても、話を聞いた三人それぞれの言葉がずっと引っかかっていた。干渉されないことを「やさしさ」だと表現し、助けられたくないと口にし、炊き出しは利用しないと笑って話す彼ら。差し伸べられたやさしさを受けとらなかったのはなぜだろうか、と。

家や身寄りがなく、わたしから見ると助けが必要そうでも、どうやら一部の人たちは、道ゆく人びとが彼らにわき目も振らないことや、物やお金を与えずに干渉しないことを、むしろ好意的に受けとっているようだった。「困っている(ように見える)人がいたらやさしくしてあげなきゃ」と思っていたけれど、誰かれかまわずそうすればいいわけでもないようだ。

じゃあ、どうしたらいいんだろう。「余計なお世話」にならずに、さりげないやさしさを持ちつづけるには。

たとえば、無理やりに彼らをこちら側に取り込もうとするのではなく、ただただ容認してみたらどうだろうか。どんな人に対しても、その人が選んだ生き方を認める態度をもっていられたら。もしも助けが必要だったらわたしはここにいるから、わたしが差し伸べる手を握るかどうかの判断はあなたに任せるよ、と。それなら、自分が気にかけた相手にできるだけ気を遣わせることなく、その人の役に立つことができるかもしれない。でもそれだけでいいのだろうか。「困っている(ように見える)人」に対して、自分から積極的にやさしさを示すことは、まったく迷惑なことなのだろうか。

いや、そんなはずはない。なぜ、泣いている友達にはハンカチを差し出すようにと教わるのか。

なぜ、優先席が設置されているのか。それはもちろん、こうした「やさしさ」を必要としている人がたくさんいるからだ。同じように、多くのホームレスにとって、行政や民間団体が提供する支援も必要なはずだ。

それにいま、路上でやっていくだけの体力や気力があるキンジョウさんやニシさんやイクちゃんも、いつかは炊き出しや生活保護が必要になるかもしれない。実際、「誰かの助けを借りて、生活保護を受けるときがくる可能性もある」と、ニシさん自身もこぼしていた。

やさしさのストックを増やす

同情を向けられたくない、助けられたくないと言ったニシさんに、自分で稼いでいるから炊き出しは必要ないと言ったイクちゃん。彼らはそれぞれに自分なりのこだわりがあって、やさしさを受けとろうとはしていなかった。二人のように、わたしたちが考えるようなやさしさを受けとりたいとは限らないことは、キンジョウさんの「やさしいんだよね、触れてこなくて」という言葉にも通じるものがある。

しかし彼らだっていつかは誰かのやさしさを必要とするときがくる。そんなことを考えながら、わたし自身はどんなやさしさを求めているのかを改めて考えてみる。

誰かといるときは人懐っこいわたしも、独りでいるのが好きだったりする。自分だけなら好きなように時間を使えて、思いのままに行動ができる。一緒にいる人に迷惑をかけてしまうかもしれないなどと気にかける必要もない。だから普段は、周りの人が自分にある程度無関心でいてくれることはありがたい。他人から興味を抱かれないほうが、頑張っちゃわないから楽なのだ。

それなのに時どき、独りぼっちでいることを寂しがる自分がいて、無性に、人とつながっていたい、気にかけてほしい、と思うことがある。そのときのわたしは、誰かからの「積極的なやさしさ」を求めているに違いない。自分でも「面倒くさいヤツだなあ」と思う。でもきっとこれは、わたしだけじゃないはずだ。誰だって、放っておいてほしいときもあれば、かまってほしいときもあるはずだ。

そんなことを考えていると、助けを必要としない人に寄り添い、やさしさを向けようとするのは、場合によっては迷惑と受けとられることすらあることを、わたしたちは何度でも思い出す必要があるように思える。彼らには支援が必要だと思えるからといって、やさしさを押しつけることがないように。「やさしさ」は、受け手が「ありがとう」と感じてこそのものなのだから。

そうはいっても、その人が心地いいと感じるやさしさを向けることは、本当に難しい。であれば、いろいろなかたちでやさしさを準備しておくのがいいのかもしれない。必要な人が必要なときに、必要なものを必要な分だけ受けとることができる「ご自由にお持ちくださいコーナー」に置けるような、やさしさのストックが。

そもそもわたしたちは他人の心の中を覗けるわけではない。目の前の人が、困っていて助けてほしいのか、あるいはそっとしておいてほしいのか、実際のところはわからない。だからできることは限られている。でも、やさしくしたいと思う相手が目の前にいるのなら、いったんその場にとどまって相手と目をあわせてみることが大切だろう。

「わたしは、ほんの少し、あなたのために手助けをしたいだけですよ」という意思が伝わるだけでもいいかもしれない。同じ場面は二度とないなかで試行錯誤を繰り返しながら、その人が受けとれる、そして受けとりたいと思える「やさしさ」をていねいに探っていく。そしていくつかのやさしさを用意しておく。そんなやさしさのストックを増やすことが、彼ら三人のような人たちとともに生きていくためには必要なのかもしれない。

草野球とメジャー

佐藤　しおん

ゴミを漁るアスリート

ホームレスを「メジャーリーガー」と呼ぶなんて、いったい誰が思いつくだろうか。つい最近まで都庁周辺で路上生活をしていたイクちゃんは、ほかのホームレスのことをそう形容した。彼いわく、「メジャーリーガー」とは「路上で思いがけないプレーをしている人」のことだ。たとえば、道に出されたゴミを漁る人や一カ月以上も風呂に入らずに髪の毛が異常なほどガッチガチに固まっている人などである。

とはいえ、大歓声を浴びてフィールドに立つ超一流のアスリートとは似ても似つかない彼らを、なぜ「メジャーリーガー」と呼ぶのか。突然投げつけられた変化球に、わたしはただただ混乱した。路上生活という経験を共有する者同士、互いを深く知らずともどこかで仲間意識があるのではないかと思っていた。しかしそうでもなかった。それに、イクちゃんの語り口からは侮蔑の念が感じられる一方で、尊敬の念も感じとれた。そのことがよりいっそう、わたしを混乱させた。

イクちゃんは、いったいなぜゴミに手を出す人や不衛生な人たちを「メジャーリーガー」と表現するのか。そしてそんな人たちをどのように感じとっているのか。いろいろ考えを巡らせても理解できそうになかった。彼の頭の内を覗きたい、そんな気持ちに駆られた。

東京は金がなくても生きていける

都会では、お金がないと生きていけない。わたしにとっては、考えることさえ馬鹿ばかしいと思えるほど当たり前のことだった。しかし、イクちゃんは余裕と自信を感じさせる口ぶりで「東京は金がなくても生きていける」と言って、わたしの常識をいとも簡単に覆してきた。

たとえば、お腹が空いたら炊き出しがある。十分な量でなくても空腹を満たすことができる。身体から滲み出た汗や路上生活でついた汚れをきれいさっぱり洗い落とすのはさすがに難しいのではと思ったが、そんなこともなかった。新宿区役所第二庁舎分館のすぐ隣にはホームレス相談事業の拠点があって、そこでは平日の午前九時から午後四時にシャワールームを無料で開放し、洗濯機まで完備されている。ほかにも、同じような施設は都内に数カ所あるという。路上で生活していても、清潔を保てるというわけだ。

イクちゃんから聞いた路上生活の実態は、わたしがそれまで想像していたような、空腹や不衛生にただ耐えしのぐ生活とは違った。行政や支援団体が提供する支援をうまく活用できれば、お金がなくとも東京という巨大都市で生き抜くことはできるのだという。路上生活には家ありきで生きるわたしたちとは違った困難があるのはたしかだが、「路上で生きているのだからそうするほかない」と決めつけられるほど、生きるための選択肢は狭くはなかった。

しかし、路上生活を生き抜く環境がいくら整っていても、イクちゃんはそれにただすがりついているわけではなかった。わたしなら、利用できるものは手当たり次第に利用しそうだ。なんでもなにかの足しになるに越したことはないし、それが無料だとなれば、なおさら飛びついてしまう。ところがイクちゃんは、自分が必要だと思うものを必要な分だけ求めて生活していた。新宿の雑踏のなか、彼独自のライフスタイルでのらりくらりと暮らすその様子に、近所で見かける野良猫の姿が脳裏をよぎった。

一方で、ホームレスのなかには行政や民間の支援を利用せずに、あえて過酷な道を突き進む人もいるとイクちゃんは言う。そんな「自分の理解の範疇を超える生活」を送る人たちを、観客の期待を凌駕する超一流の野球選手の姿に重ねて、「メジャーリーガー」と彼は呼んでいた。

「あいつらは、生きるために手段を選ばない。なんでもできる」

メジャーリーガーはどんな存在かと尋ねると、投げやりな口調で彼は断言した。ゴミのなかか

なるようになるもんだ

ら食べ物を漁る人にいたっては、「好きでやっているとしか思えない」とまで言い切る。まるで相手のことをよくわかっているかのようなイクちゃんの口ぶりが、どうも腑に落ちなかった。メジャーリーガーにだって、そうせざるをえない事情が人それぞれにあるはずだ。好きでゴミを漁るなんてあるわけないだろう、と。

実際、ホームレス状態にある人のうち、鬱病やアルコール依存症などの精神疾患を患っている人が約半数にもおよぶという、精神科医の森川らによる研究結果がある（「東京の一地区におけるホームレスの精神疾患有病率」）。病気が原因で、適切な支援を受けられずに、路上でゴミを漁って生きるしかない人だっているのではないか。そう思ったのだ。

そこで改めてイクちゃんに尋ねてみたが、彼の態度は変わらなかった。メジャーリーガーは「好きで」その生活を選択している、の一点張りだ。当人が炊き出しの情報を知らない可能性についても指摘してみたが、「炊き出しには、適当にたどり着くもんだ」と切り返してくる。イクちゃんがこうも頑固なのはなぜなのか。その片鱗はイクちゃんが路上生活を始めたころにまで話を遡ることでようやく見えてきた。

イクちゃんが路上に出たのは一〇年以上も前。当時、行政や民間の支援についてなにも知らず、ただ空腹や寒さに耐える生活に「死ぬかも」と不安を抱える日々を送っていた。そんなある日の晩、いつも見かける「いかにもそれっぽいおじさん」の後をつけたという。暗闇のなかで、息を潜め忍び足で歩き、たどり着いた先は炊き出しの会場だった。

「炊き出しには適当にたどり着く」とは、こうした彼自身の体験にもとづく言葉だった。そこには、「結局はなるようになるもんだ」という意図が込められているようにも思えた。人は、死を意識するまで追い詰められた状況になったとき、考えずともどうにかしようと行動する、ということなのだろう。

だからか、ゴミを漁って食べ物を確保しようとするのはその人が選んだことだと彼は考える。行政や民間からの支援を活用するイクちゃんからすれば、彼らは本来必要のない頑張りをあえてしている。イクちゃんはそんな人たちを「自分はけっして選ばないし、思いつきさえしない」とやや距離をおいて冷ややかに見つめながらも、自力で泥臭く生きる姿に尊敬の念を抱いていた。だからこその「メジャーリーガー」なのだった。

草野球に堕ちた元メジャーリーガー

「昔、あいつはメジャーリーガーだったのにな。いまは草野球に堕ちた」

「あいつ」とは、これまでもたびたび登場したニシさんのことである。彼は数年前まで、バスタ新宿の三階にあるベンチに座ったままの体勢で寝ていた。はたから見ると苦行のようで、想像しただけでも背中とお尻が痛くなってくるが、ニシさん自身は「慣れてしまえばどうってことない」と、あっけらかんとしている。イクちゃんはそんな当時のニシさんの姿を懐かしみながら、収入が安定し都内のドミトリーで寝泊まりするようになった現在のニシさんのことを「草野球に堕ちた」となじる。

彼いわく、「草野球」とは「お金を払って安心感のある快適な空間で生活する」ことだ。知り合いのなかには、ニシさんのようにネットカフェやドミトリーなどで寝る人が少なくないようで、「あいつらはすぐに堕落していく」と笑いながら皮肉交じりに言っていた。

一般的に「堕ちる」とは、ある状態から程度や地位が下がることを表すネガティブな言葉だが、イクちゃんのそれはひと味違う。自分とはまったく別の方法で路上を生き抜く姿に、尊敬の念すら抱いていたからこそ、「堕ちる」という侮蔑的な表現のなかに親しみが込められている。自分には思いもつかない、自分にはできない（とはいえ真似したいとは思っていない）生活を送っていた尊敬すべきメジャーリーガーたちが、信念を曲げ、らしくもない楽なほうへとライフスタイルを変えた。

「堕ちる」には、そんなメジャーリーガーの変化に対する寂しさとそれゆえの蔑み、そして自分がまだそこまで行ってはないということの自己肯定感という、いくつもの相反する心情が交ざり合っていた。

メジャーでもなく、草野球でもなく

恥ずかしさを滲ませることなくなんでも話してくれるイクちゃんの語り口には、路上という場所を自分なりに生き抜いてきたことのプライドが感じとれた。しかし、それはなにもメジャーリーガーのように、人に頼らず我が道を突き進む様子とは少し違っていた。

そう思えたのは、彼が社会の出来事にとても関心を持っていたからだった。実際、イクちゃんは、政治、経済、スポーツなど多岐にわたる時事問題にも明るかったり、コロナ禍の大学生活についても興味津々に聞いてきたりと、自分とはあまり関係のないことにも強い関心を抱いていた。

外見にも気を配っているらしく、ところどころ白髪が交ざる髪の毛はいつもていねいに切りそろえてある。それに、鼻をつく体臭を漂わせるような「メジャーリーガー」のことを、「そこまでいくと自分なら自殺を考える。店に入れないレベルにはなりたくない」と辛辣に言ったりもする。そして、「分をわきまえて生きることが大事」、と噛みしめるように繰り返した。

そうしたイクちゃんを見ていると、世間体を気にせず浮世離れした「メジャーリーガー」にはなりきれないし、なりたくもないが、周りの目を気にせず己の「プレースタイル」を貫きつづけるブレない強さには素直に「スゴい」と感じ、かといって楽な生活に甘えるような草野球には堕ちたくないという、なんとも複雑な心情が浮かび上がってくる。

でもそこに、イクちゃんらしさがあるように思えた。自分ができること／できないこと、やっていいこと／いけないことのあいだに線引きをしながら、メジャーでも草野球でもないところに、「自分」を見いだしていたのではないかと思う。

勘を失うことと引き換えに

「あいつはメジャーリーガーだ」「あいつは草野球に堕ちた」などと言うイクちゃんだが、いまではアパート暮らしを始め、自身も「草野球に堕ちた」生活を送っている。

きっかけは、新型コロナウイルスの感染拡大を背景にした、路上で生活をする人たちへの住宅確保の支援だった。以前より検討していたアパート暮らしへのハードルが下がったこのタイミングをチャンスと捉えたようだった。

「草野球入り」は、イクちゃんにとって大きな決断だったように思う。アパート暮らしをする前は、「ネカフェに一度泊まると、路上に戻れなくなりそうで怖かった」とも言っていた。ひとたびその快適さを味わってしまうと元の生活には戻れなくなってしまう。それまで培ってきた路上で生きるための知恵や勘が失われてしまう恐怖があったのだ。このまま知恵も勘も失ってしまったら、自分にはなにが残るのか。路上から離れて、自分を見失うことに不安を滲ませていた。いだからなのか、イクちゃんはいまの生活を手放しで喜んではいなかった。なにかのはずみで「いつか路上生活に戻ってしまうかもしれない」ことを心に留めながら、イクちゃんは今日も「草野球」をプレーしている。

ところで、イクちゃんがほかのホームレスを「メジャーリーガー」や「草野球に堕ちた」などと形容して、自分という存在を間接的に表現するのは、わたしたちが彼らを「ホームレス」という言葉でカテゴライズするのとどこか似ている。

わたしたちは他人を表面的な違いによって分類して、名づけて、言葉で分ける。ある特徴をもった人たちをなにかしらの言葉で括る。その言葉には、いろいろなイメージが付与されていき、無意識に「自分」との違いを表現するものになっていく。

きっと、「よくわからない自分という存在」を知ろうと、もがいて、自分以外の存在を言葉で分けているのだ。そうして自分との違いを明確にすることで、ぼんやりとした自分自身の輪郭を見つけていく。だから、わたしたちは「ホームレス」との違いを論じたがり、イクちゃんは「メジャーリーガー」とのあいだに一線を引くのかもしれない。

しかしわたしたちとイクちゃんを一括りにはできないように思う。自分という存在を意識するために、あるいは安心を得るために引く境界線という点ではわたしたちと似ているが、イクちゃんのそれはもっと複雑で、もっと強く張り詰めているように感じる。この社会が用意した言葉を受け入れるだけのわたしたちとは違い、イクちゃんはそれを自分で作り出しているからだろう。

自分ルールのなかで自分なりの生き方を貫いて生きるイクちゃんは、なにがあっても他人のせいにはしない。進むべき道を作るのも、それを信じて「正しい」と証明するのも、すべて自分なのだ。忙しなく人が行き交う新宿の街なかをひょこひょこと歩くイクちゃんの後ろ姿は、自身の生き方のプライドを守る必死さをひた隠しているようにも見えた。

生きる緊張感を買う

津田　美優

お金があると安心するわたし

　最近、「いま」に対して不安になることが多くなった。新型コロナウイルスの感染拡大による経済の悪化や、それで解雇されたり生活に苦しんだりしている人の話など、気が滅入るニュースをよく見聞きするようになったからだろう。

　ただ、不安は「いま」に対してだけじゃない。二〇一九年五月に金融庁が発表したレポートで話題になった「老後二〇〇〇万円問題」が世間で騒がれていたように、将来に対しても漠然とした不安を抱いている。とはいえ何歳まで生きられるかなんてわからない。それに、まずは喫緊の問題として就活がある。ちゃんとした職に就けるか不安だ。

　そうした不安を少しでもまぎらわすために、わたしはお金をできるだけ使わないよう節約し、貯金もしてきた。「世の中のだいたいのものはお金で手に入る。だからお金はあればあるほどよく、安心させてくれるもの」。そう信じていたからだ。

実家暮らしで私立大学にも通わせてもらっているわたしは、比較的「安心・安全」のなかで暮らしているのだと思う。そんなわたしから見て、路上生活はとても過酷で不安定な生活であるように映る。だからこそ、彼らはお金に対して人一倍、慎重になっているのではないかと決めてかかっていた。それに、少しでも生活を楽にするためにいろいろな節約術にも通じているだろうとも思っていた。

ホームレスと話せたら、どうしたらお金を使わずに生きていけるのか。そんな、「究極の節約術」なるものを学べると期待していた。しかし面食らってしまった。貯金するどころかお金を大切に使おうともせず、わたしにとっても大金といえる金額を浪費する人に出会ってしまったからだ。

一〇万円のウォークマンを買ったわけ

ニシさんは国立大学を中退後、陸上自衛隊とプロダンサーを経て、ホームレスになった。現在はいくつかの仕事を掛け持ちしながら日銭を稼いだりして、フリーのダンサーとしても活動している。そんなニシさんと話しているとき、彼は次のように言った。

「生きる感覚がズレてきてる。最近お金が増えたから一〇万円のウォークマンを買ったんだ」

わたしは耳を疑った。ニシさんは、いままでは新宿で路上生活をしていたときよりもお金に余裕があり、格安のドミトリーなどを転々とする生活を送っているが、贅沢ができるほどのお金があるわけではない。それなのになぜ一〇万円もかけてウォークマンを買ったのだろう。仮にわたしがホームレスになったとして、一〇万円を自由に使えるなら、まずは衣食住に使う。残ったお金は、病気や不慮の事故で働けなくなったときなど、なにかあったときの備えにする。少なくとも、一〇万円もする高級ウォークマンなんかには絶対に手を出さない。

だから「もっとほかに使うことは考えないの？　使い道がないなら貯金しなよ！」と、思わず心の中でツッコんでしまった。しかし話を聞いていくうちに、ニシさんの購入目的が、「音楽を聴くため」というより、「増えすぎたお金を減らすため」であることがわかってきた。会話のなかで、ニシさんはこんなことも言っていた。

「貯金の底が見えたからピリッとしてよかった。底が見えたなぁ。動き出さなきゃなぁ」

「いま持てる緊張感って、お金くらいしかなくない？」

どうやらニシさんは、手持ちのお金の少なさをリアルに感じることで、やる気や行動意欲を出したり保ったりしているらしい。そしてちょうど話を聞いた時期にいくつかの副収入があって所持金がまた増えた。でもそのせいで「生きる感覚がズレた」と感じ、所持金をあえて減らそうと、ウォークマンを買ったのだった。

わたしは「お金を減らすため」に買い物をしたことがない。だからニシさんの言葉がまったく理解できなかった。だからこそ、路上生活を送ってきたニシさんがお金についてどう考えているかを知りたいと思った。

そこで「やる気を保てる貯金の底」を探ろうとした。「やる気のボーダーラインはいくらくらいですか」という質問には、「昔は二万。だんだん上がっている。いまは五万くらい持っときたいかな」とニシさんは答える。一方で、「いまは一五万円くらい持ってだらだらしている」とも言う。少し多めにお金を持っておくことで、だらだら過ごせるくらいの「安心感」も得ているらしい。

ニシさんにとってお金は、「緊張感と安心感のバランス」を保つための調整弁の役割があるようだ。「生きる感覚がズレてきてる」とは、「緊張感と安心感のバランス」が崩れているということなのだろう。

もらえるお金でバランスが崩れる?

しかしそれでもまだ納得できなかった。一五万円くらいは持っていたいのなら、生活保護を受ければいいからだ。四〇代半ばのニシさんの場合、新宿での生活保護支給額はひと月で約一三万円になる。もちろん、ここから家賃や光熱費が引かれることになるが、それでも一定程度の自由に使えるお金は残る。でもニシさんは、「生活保護を受けたくない」と言う。

「(生活保護が支給されると)考えなくなるんじゃないかなあ。なにかしようとは思えない。なんかの小説であるじゃん。小説名はわかんないんだけど、添い寝だけで一〇〇万出しつづけるっていうやつ。そんなことが続くと、だんだん狂ってくるんだよ。（俺に）なんかできることはありませんかって。…なにもせずに（お金が）入ってくるっていうのがこう、お金ってなんなのかなってなっちゃうんだよ」

ニシさんは、生活保護を受けたために「緊張感と安心感のバランス」を崩した人を何人も見てきたという。たとえばニシさんの知り合いのなかには、お酒もタバコも嗜む程度だったのに、定期的に入ってくる生活保護費が原因でなんらかの依存症に陥ってしまった人がいたそうだ。また、通帳にお金が入っていても「誰かに奪われてしまうのではないか」とビクビクし、奪われるくらいならと、お金をすぐに使ってしまう人もいたらしい。そしてそうした恐怖心は、現金をつねに持ち歩かなくてはならない路上生活での習慣によるものだという。

「現金を持ってることが苦痛なんじゃないかな。使いたい衝動に駆られるんだと思う。お金がなくなるっていう強迫観念。お金が入ったらすぐ下ろす。（誰かに）取られるんじゃないかと思っちゃう。そういう人たちは多い」

皮肉なことのように思えた。生活保護が理由で、逆にいつもお金に困る状況になってしまうというのだ。生活保護を受けることで「安心」を得ることができるのはたしかだが、一方で「恐怖」も付いてくるということなのだろうか。そう考えると、お金は必ずしも「あればあるほどいいもの」ではないようだ。お金はある意味「万能」だからこそ、毒にも薬にもなる。「お金はあればあるほどいい」と信じきっていたわたしにとって、いままでにない気づきだった。

お金はありすぎても困るもの。ニシさんのこうしたお金に対する考えは路上生活を送ってきたことと関係しているらしい。実際、「最初からそういう価値観を持っていたわけじゃない」とニシさんは言う。

「路上に出たのはでかいかな。変な人と出会ったっていうのが。路上で見たから。変な人に出会ったのが八割で、路上でなんとかなるっていうのが二割」

ニシさんよりも変な人

ここでいう「変な人」とは、ニシさんにとって「意味のわからないお金の使い方」をして、お金に困っている人たちのことだ。たとえば、見栄を張って高価な物を買ったもののすぐにお金に困って売却することを繰り返す人や、下手くそで全然勝てないのにギャンブルにお金を注ぎこむ人のことらしい。しかし「それでもみんななんとか生きている」、とニシさんは笑いながらはっきりと言い添える。

わたしからすれば一〇万円もするウォークマンを買うニシさんも十分「変な人」なのだが、それはさておき、そんな人たちに出会ってきたことで、ニシさんは「お金がなくても生きるし、生きられる」という自信と確信を手にしてきたようだ。お金がなくてもどうにかする。困ったら助けあったり、炊き出しなどの支援に頼ったりしながら、彼もまた、路上を生きてきたのだった。

お金がなくなることをわたしが過度に恐れていたのは、ニシさんの言う「なんとかなる」といった経験がないからだろう。だからお金をどう節約し、どう貯めるかということばかりに気を取られてきた。一方でニシさんは、なんとかなるから「いま」をどう生きるかということに関心を払っていた。将来のためではなく、いまをどう生きるのか。そのことに目を向けることができていなかったわたしは、ニシさんの話を聞きながら、どこか恥ずかしさを覚えた。

ニシさんが買ったもの

「老後二〇〇〇万円問題」が世間をざわつかせたように、わたしたちはお金があることを「安心」と考え、逆にお金がないことを「不安」と考えている。少なくともわたし自身はそうだった。だからわたしには、先行きの見えないいまの日本社会が不安に満ちたものに見えていたし、いまでもどこかで不安を抱えている。「お金のない路上生活」はとても不安なものだと思っていたし、生活保護を受けることは、そうした不安から解放されるうえで手っ取り早い方法だとも思っていた。しかし、ニシさんはそうは考えていなかった。「お金があれば安心」というのは、安直すぎる考えなのだ、と。

たしかにニシさんも「お金は大事」とは言っていた。しかしそれは、ときに「自分をダメにする」ものでもあった。むしろニシさんにとって大切なのは、「どう生きるか」であって、「お金があるかどうか」ではなかった。だからニシさんは、「(生きる) バランスが崩れてきている」ことに不安を覚え、それをどうにか払拭しようと、お金を浪費することで、生きる実感としての緊張感を手にした。ニシさんが一〇万円で買ったのは、ウォークマンではなかったのだ。

ニシさんとのやりとりから見えてきたのは、わたしたちにとっての不安が彼にとっての安心で、わたしたちにとっての安心が彼にとっての不安という、なんとも矛盾した状況である。しかしこのことに気づいてから、わたしの視野はグッと広がったような気がする。就活の話や将来への漠然とした不安に気が滅入っていたわたしは、小さいころに思い描いた「将来の夢」をひとまず脇に置き、どんな仕事に就けば将来困らないかを考えるようになっていた。でも、いまのわたしは「どう生きるか」を考えはじめている。さて、まずはなにを買おうかな。

無駄じゃない無駄ないま

藤賀　樹

なにかをしないといけない感じ

大学生になったいま、僕には「なにをしてもいい時間」がたくさんある。だから寝そべりながらYouTubeなどを観てだらだらと過ごしたり、好きな本を読んだりして、気ままに過ごしている。でもふとしたときに、「こんなことをしていていいのだろうか」と少し不安にもなる。この時間をなにか有意義なこと、将来につながるようなことに費やさなくてはいけないのではないか、と焦ってしまうのだ。

時間の使い方について強く意識するようになったのは、大学生になってからだ。おそらく大学での生活が、高校までとは大きく違っているからだろう。大学に進学する前は、いまほど自由な時間はなかったし、あったとしてもその大部分を勉強に費やさなければならなかった。大学受験を早々に意識させられていたからだ。

高校二年生のころ、家族で大学受験の話になったことがある。そのとき、「早慶以上だったら将来は大丈夫」と父から言われたのをいまでも鮮明に覚えている。当時の僕は父の言葉を鵜呑みにして、「早慶以上」に入学するために勉強はやっておいたほうがいいと考えていた。

そうして早稲田大学に進学したのだが、いざ大学生活が始まると、僕は手持ち無沙汰になった。五月病ではない。ただ、大学での自由な時間をどう使ったらいいのか、わからなくなってしまったのだ。いずれ向きあわなくてはならない就活のために、なにか有益なことをしようかとも思う。けれど、きっと社会に出たらなかなか手に入らないであろう、「なにをしてもいい時間」が、僕の手元にはたっぷりとあるのだ。それを、これまでのように将来のために費やすのはどこかもったいない気もしていた。

そんな宙ぶらりんな状態に悶々としていたとき、僕はこのプロジェクトに参加し、新宿の路上で暮らすホームレスの人たちに話を聞く機会を得た。そして彼らに抱いた印象は、「生活の大半がなにをしてもいい時間」、というものだった。僕と同じように時間を持て余している彼ら。彼らはどうやって時間を過ごしているのか。そんなことが気になった。

時間を無駄にしている優越感？

ニシさんは、五年以上にもおよぶ路上生活を経て、いまはおもに都内のネットカフェやドミトリーで寝泊まりしている。腰あたりまで伸びた長い髪をヘアバンドでまとめ上げ、顎の周りは髭で覆われている。はたから見ると、レゲエミュージシャンのような風貌だ。

そんなニシさんは、暇なときはぼーっとしていることが多いという。現に「まどろむ」とか「だらだらする」といった言葉をよく使う。そういった言葉がニシさんの口から出るたびに、僕は「なにもすることがないから、仕方なく時間を持て余しているんだろう」などと思っていた。でも話をよくよく聞いてみると、どうやらそういうことでもないらしい。そのことに気づいたのは、「なにをしているときがいちばん楽しいですか？」と質問したときだった。ニシさんは落ちつき払って次のように話してくれた。

「まどろんでるときかなあ。寝るか寝ないかの間でまどろんでるとき。だらだらしてる時間、まどろんでる時間が生きてる実感するなあ。本当に無駄なこと考えてるよ。幾何学模様とか。有意義なことに時間を使うと疲れてくるんだよ。人のためとかさ。もっと無意味なことに時間を費やしてる。貴重な時間を無駄にしてるっていう優越感があるよ」

予想外の答えだった。「無駄なこと」に時間を費やすことが楽しいだなんて発想が、僕にはなかったからだ。たしかに僕もしょっちゅうだらだらしている。とくに休みの日は布団にくるまってぼーっとしていて、気づくと一日が終わっている、なんてこともある。でも、楽しいと感じることはあまりない。「もっと有意義なことに時間を使わなければ」と頭のなかで自分に鞭を打つものの、結局は重い身体を布団から出すことができず、自分に嫌気がさしてしまう。

でもニシさんは、有意義なことではなく、むしろ無駄なことに時間を費やすことを楽しんでいるという。時間は貴重なものだから、なるべく有効に使うべきだという、僕にとっての「アタリマエ」とは真逆の考えに、僕は戸惑った。しかも、そこに優越感すら覚えると言うのだから、ちっとも理解できなかった。

踊らされるより踊ろうよ

まどろんでいたり、だらだらしているときがいちばん楽しいとは言うが、ニシさんはなにも毎日そうしているわけではない。彼は立派なダンサーでもある。

ニシさんはホームレスになる前からダンスをやっていて、いまでは「新人Hソケリッサ！」という(元)ホームレスたちで構成されるダンスカンパニーに所属している。ホームレスでダンサーをやっているというのが人目を引いたのか、NHKの番組で取材されたこともあった(「踊らされるより踊ろうよ 番外編」)。そのとき、ダンスについて身振り手振りを交えながら話したあとで、彼はしみじみと次のように語っていた。

「まったくお金にならないと思いますよ。…まあでもおもしろくないですか、踊りってなんか。こんな自由なことないですよ」

まどろむにしても、ダンスをするにしても、ニシさんは「楽しい」とか「おもしろい」といった気持ちを大切にしているようだ。

もちろん僕だってそういう気持ちを大事にしてきたつもりだった。でもよくよく振り返ってみると、どちらかといえば「やりたいこと」よりも「やるべきこと」のほうを優先してきたし、なにか目標を見つけて努力することのほうを重視してきた。ニシさんのように気分に身を任せることは、目標達成の妨げでしかないとすら考えていた。

一方でニシさんは、目標を立てることや目標の達成に向けて時間や労力を費やすといったことにはあまり関心を払っていないようだった。現にニシさんがそういったことを避けているとすら思える発言を耳にしたことがある。それはお金について、とくにお金を貯めることについて話してくれたときだった。

「無理をしてなければ、（お金を貯めることには）なんもデメリットはないと思う。将来のためとかならダメだけど。強迫観念からとか無理に頑張ってとかじゃなければ、お金があるに越したことはない」

彼は、強迫観念のひとつに「老後二〇〇〇万円問題」を挙げていた。将来のために「無理に頑張る」くらいなら、「いま」を楽しむ。そんな風に考えることができれば、少しだけ気が楽になるような感じもするが、いつも心のどこかで将来のことを気にかけてきた僕からすれば、これもまるで理解できない感覚だった。

もちろん、僕も好きなことや趣味に興じることはある。でもいつからか「こんなことをしていていいのだろうか」と不安に駆られてなかなか休むことができず、いざというときも「たまには休憩も必要だから」などと自分に言い訳をしないと落ちつかないことが多くなっていた。だからこそ、なぜニシさんは将来のことを気にも留めず、いまを楽しめるのか不思議だった。先が思いやられるようなことはないのだろうか。ないとしたら、それはなぜなのだろうか、と。

最先端ホームレスセット

いまではいくつかの副業で一定の収入があるニシさんだが、いつかまた路上で生活することになっても快適に過ごせるためのグッズを取り揃えている。たとえばハンガーやハサミといった実用的な道具から、ビールを冷たく飲むためのタンブラーまで、ざっと数えると四〇以上ものグッズを持っている。どれも五年以上ものホームレス経験から選び抜かれたものらしい。しかもそれらはすべて一つのバックパックにコンパクトに収まっていて、いつでもどこにでも持ち運ぶことができる。ニシさんはそれを「最先端ホームレスセット」と呼んで、誇らしげに話していた。

「どっかで路上（生活）は想定している。二、三日くらいは外で、というのをイメージしている。いつでもそうできるようにっていう安心感はある。（このバックがあれば）一週間以上はいけると思う。なんとかなるし、なんとかしてきたっていう経験はある」

この「最先端ホームレスセット」があることで、いつ路上に戻ることになっても大丈夫、という安心感があるようだ。そしてその安心感を根拠づける経験と自信。五年以上も路上を生き延びてきたからこその言葉だった。

「最先端ホームレスセット」のことを知ってから、なぜニシさんがあまり遠い先のことを気にして不安になることがないのか、少しわかった気がした。そもそも、そんなことを気にする必要がなかったのだ。たとえ明日から路上で生活することになったとしても「なんとかなる」し、これまでも「なんとかしてきた」のだから、不安があると言うほうがおかしい。

不安になるどころか、ニシさんはまどろんだり、だらだらしたり、踊ったりして、「いま」という時間を楽しんでいる。それは明日も生きることのできる経験と自信、そしてそこからくる安心感に裏打ちされているからこそ、だった。

不安と焦りの正体

遠い先のことに気を払わずにいられるニシさんとは違って、僕はどこかで一年後やそれより先のことをいつも頭の片隅において生きてきた。高校二年生のころには大学受験のことを意識していたし、いまも一年後に控えた就職活動のことをつい心配してしまう。とはいえこれは僕だけではないだろう。

周りを見渡してみれば、早いうちから一流企業に入るためにインターンシップに行ったり、TOEICで高得点を取るために勉強したりなど、将来に向けた準備を着々と進めている友人たちがいる。大学から送られてくる就活関連の情報を眺めてみても、「早くから準備することが大事」なんてメッセージで埋め尽くされている。だから僕たちは将来のために、「いま」を投資する。そんな生き方が、僕が生きている世界では「アタリマエ」だ。僕がだらだらと時間を費やすことに不安や焦りを感じていたのは、そうした「アタリマエ」に強く囚われていたからなのだと、ニシさんの話を聞きながら気がついた。

だからだろうか。自分とはぜんぜん違う考えをしながら「いま」を楽しそうに過ごすニシさんの話を聞いてからというもの、将来のために頑張ろうという気力も、なんだか以前より湧いてこなくなった。とはいえ、「この先なにがあってもなんとかなる」と言い切れるほどの経験も自信も僕にはない。これからの日々をどう過ごしていけばいいのか、まだ答えを出せずにいる。いや、そんなことを考えている時点で、僕は将来に不安を抱いてしまっている。「いま」を楽しむことは、とてつもなく難しい。

肩書きなくして自立なし

小泉　勇輔

ホームレスは「こじき」？

海風が流れこむ静岡県の田舎で育ったわたしは、大学に進学するまで、東京に行く機会があまりなかった。だから「ホームレス」と呼ばれる人たちをはじめて目にしたのは、大学進学のために上京し、一人暮らしを始めてからである。

いまでも鮮明に覚えている。路上で生活している人たちを目にしたとき、わたしのなかに、モヤっとした抵抗感があった。「こじきだ」、そう思った。

それまで目にしたこともなかった人の姿を「こじき」と形容したのは、おそらく、親戚同士での会話がある。テレビでホームレスのニュースが流れると、親戚たちは決まって彼らを「こじき」と呼んでいたからだ。

とはいえこれは、なにもわたしやわたしの親戚だけではないだろう。どのような言葉を使うにせよ、「ホームレスはこじき」、つまり彼らは「働かずにいる人たち」といった認識をもっている人は多いのではないだろうか。

このプロジェクトに参加して調べ物をしていたとき、二〇〇九年に東京都江戸川区で起きたホームレス襲撃事件が目に留まった。当時中学校三年生の少年五人が、逃げるホームレス男性（当時六四歳）を追いかけ、約四〇分間にわたって、アルミ製の棒や鎌の柄で男性を殴り、顔を七針縫うなど全治一〇日間のけがを負わせた疑いで逮捕された、という事件だった。

事件内容はもちろんだが、それ以上に驚いたのはその動機である。少年たちは「こじきは人間のくず」「ゲーム感覚でいためつけた」などと供述していた。そして男性を映画『ハリーポッター』のキャラクターに見立てて、襲撃を「ハグリッド狩り」と呼んでいた。

この事件が目についたのは、当時小学校五年生だったわたしとさほど歳の変わらない少年たちもまた、わたしと同じように「ホームレスはこじき」という認識を共有していたからだ。もちろんわたしはホームレスを痛めつけようなどと考えたことはないが、暴力行為におよんだ少年たちと同じホームレスに対する見方が、わたしのなかに潜んでいることに驚き、そして嫌悪した。

しかしそうした認識が誤解であることは、路上に出て話を聞くとすぐにわかった。むしろ彼らの話を聞きながら強く感じたのは、彼らはこじきであるどころか、わたしなんかよりもずっと自立した生活を送っている、ということだった。

寝床清掃の自分ルール

都庁近くの高架下で寝泊まりしているナガセさんにとっての日々の楽しみは、よく知られた外食チェーンで自分の好きなものを選んで食べることだった。その日の気分で食べたい物を食べ、ほんの少しのアルコールで喉を潤す。それが、彼にとってのささやかな楽しみだった。

以前は『ビッグイシュー』の販売員をしていたナガセさんだが、いまは週四日ほど、ある自治体で清掃業務をしている。休みの日には炊き出しに行き、ついでに公園をぶらぶらしたりする。炊き出しから新宿に帰ったあとは銭湯に行ったり、コインランドリーで洗濯をしたりする。生活費はすべて、働いて得たお金でまかなっていた。

そんなナガセさんの暮らしぶりを聞きながら、「怠惰な人だ」などとはまったく思えなかった。炊き出しを利用しつつも働いてお金を稼ぎ、自分の好きなものを食べる。ちゃんと入浴も、洗濯もしている。

これだけ見れば、アルバイトで生活費を稼いで、たまに友人と飲み会をするわたしの生活と大差ない。むしろ生活費の一部を親からの仕送りでまかなっているわたしのほうが、甘えているようにさえ思えた。

ところで、ナガセさんは、自分が寝泊まりしている場所を毎日掃除している。理由を聞くと「最低限のマナーを守るため」だと言う。彼が寝泊まりしている高架下、とくに道路の反対側にあるオフィスビル前には、寝ることを禁止するかのように、カラーコーンが置かれている。そこから追い出されるかどうかは、ビルの警備員の裁量によるところが大きいようだ。だからナガセさんは、立ち退きを迫られないように、起きると周囲をきれいに掃除し、寝るときも点字ブロックの内側で「邪魔にならないように気をつけている」と話す。

ナガセさんは、国からお金をもらうわけでも、誰かから借金するでもなく、自分で働いて得たお金で暮らしている。つまり経済的には自立した生活を送っている。それに、横暴でもない。寝かせてもらっているという認識から、寝場所として使っているオフィスビル側の空間を毎朝掃除して、警備員にも気を遣う。そうやって彼は路上で暮らしていた。

競馬狂いの自分ルール

沖縄出身のキンジョウさんは、いつも大きく膨れ上がったリュックを背負っている。おかげで足腰が鍛えられたらしく、「下半身が強くなった」と笑いながら話す。

彼は二〇歳のころに上京し、大塚の居酒屋で働いたり、川崎で日雇い仕事をしたりしていた。現在は三鷹市で、草刈りの仕事を一〇年近く続けている。

休みの日には上野まで炊き出しをもらいに行くこともある。衣服は支援団体からもらったものでまかない、洗濯は新宿の熊野神社近くにある二四時間営業のコインランドリーを使う。そしていまは都庁付近で寝泊まりしていることが多いそうだ。

キンジョウさんの大きなリュックの中には、競馬のデータがびっしりと書き込まれたノートが詰まっている。データは、過去五年分にものぼっていた。「病気だよ」。そう自虐するほどの競馬好きだった。

それほど競馬に熱を入れているのに、キンジョウさんは競馬の勝ち金を生活のアテにはしていなかった。軍資金は給料から出していて、借金をしてまで競馬をしているわけではない。仕事をする理由はお金のためだが、とはいえ暇さえあれば働くというわけでもない。お金に対して「そこまでこだわりないんだよね」とあっけらかんと話す。

それにしても、生活保護を受けさえすれば、働かなくてもお金は得られるし、少しくらいなら競馬もできるんじゃないだろうか。そう聞くと、キンジョウさんは「受けたいと思わない」と言い切る。理由は「息苦しいから」。続けて、「税金で飯食いたくない」「レッテル貼られたくない」とも言っていた。

「ホームレスはこじき」。そう思っていたわたしにとって、キンジョウさんの暮らしぶりもまた、その印象を大きく覆すものだった。「病気だよ」と自分で言うほどの競馬好きだが、ギャンブルで我が身を滅ぼすようなことはしない。それに、働かずに怠けているどころか、自分なりに働いて、好きなことにお金を使う。彼もまた、自分なりの楽しみを見つけ、路上で生きていた。

自立したホームレス、自立していない大学生

新宿駅周辺を歩いていると、たしかに茶碗などの容器を置いて座っている人たち、つまりこじき行為をしている人たちを見かける。しかし一方で、収入は多くはないが、それでもなにかしらの仕事をしながら、自分の生活を成り立たせている人もいる。その生活も、かろうじて保たれているというものではない。

食事をするにもただお腹を満たすだけでなく、食べたいと思うものを食べる。好きだからギャンブルに興じる。お金を稼ぐためではない。そんな余裕すらも感じられる彼らの暮らしぶりは「ホームレスはこじき」というわたしが抱いていたイメージを軽々と覆すどころか、十分に自立した生活を送っているように思えた。「自立したホームレス」とは矛盾を孕んだ表現なのかもしれないが、それでも彼らは路上で自ら立っていた。

そんなことを考えていると、アルバイトと両親からの仕送りでなんとか生活を営んでいるいまのわたしはどうだろうか。わたしは両親から、家賃も学費も負担してもらって、大学生活を送っている。大学生だから社会的には許されるだろうが、それでも「自立していない大学生」であるわたしが、なぜ彼らを一方的に自立していない人などと考えていたのかと疑問に思った。

ちなみに、軽犯罪法第一条第二十二号が定める「こじき」とは、不特定の人に哀れみを乞うことである。だからナガセさんもキンジョウさんも、法的には「こじき」ではない。しかしそうで

あっても、わたしたちは彼らを自立した人たちだとは考えない。つまり稼ぎがあってそれで生活することだけでは「自立」とはみなされないということなのだろう。

たとえば二〇〇二年に施行された「ホームレスの自立の支援等に関する特別措置法」は、その法令名からしても、ホームレスとは自立していない人たちという認識が前提になっている。実際、この法律では、ホームレスをいくつかのタイプに分け、就労意欲があっても働き口がない人には就労支援を、就労意欲はあるがなんらかの理由により働けない人には福祉支援を提供することとしている。

しかし現実には、ナガセさんやキンジョウさんのように仕事をしている人は多い。たとえば厚生労働省が二〇一六年に行なった「ホームレスの実態に関する全国調査(生活実態調査)」では、「現在収入のある仕事をしている」と答えた人は半数を超えている。それにもかかわらず、なぜ「ホームレスは自立していない」とみなされているのだろうか。

おそらく、彼らの仕事がフォーマルなものではないからだろう。つまり会社や組織といった所属先がないことが、わたしたちの考える「自立」に当てはまらないからではないだろうか。

所属先を「肩書き」と言い換えてもいいかもしれない。そしてその代名詞ともいえる言葉に「社会人」というものがある。「経済的に自立している人」というだけでなく、なにかしらの会社や組織に所属して働いている人をそう呼ぶ。一方、ナガセさんやキンジョウさんは働いているが、わたしたちは彼らを「社会人」とは呼ばない。経済的には自立しているのに、彼らには肩書きがないからだろう。

ちなみに、「学生」もまた、ひとつの肩書きである。そして学生にとって行なうべきことは勉強である。だから働かなくとも許される。そう考えると、誰しも肩書きがあることが、わたしたちにとって「アタリマエ」とされているといえるかもしれない。そして学生ではない人たちのなかでは、肩書きのある「社会人」が「自立している」とみなされる。しかし、所属先が不安定なホームレスは肩書きが定まらないため、社会人には当てはまらず、ゆえに「自立していない」とみなされているのではないだろうか。

襲撃事件の背後にある、わたしたちの「アタリマエ」

わたしたちが「自立」という言葉を使うとき、それは経済的自立だけでなく、フォーマルな仕事やそれに見合った肩書きをもつことを前提としているのかもしれない。清掃作業や草刈りといった雇い主がかわりやすい日雇い仕事ではなく、会社名をはじめとするはっきりとした所属先のある仕事。そして仕事で得た収入によって維持される住所のある家。これらが揃ってようやく「社会人」とみなされる。つまり、「自立している」と認められる。

わたし自身、「自立したい」などと強く考えてきたわけではないが、振り返れば、高校生のときから「いい大学に入ればいい会社に就職でき、将来は安泰だ」と周囲から言われ、わたし自身もそれを疑うことなく信じてきた。そして「みんながそうしているから」と、プレッシャーを感じながらも、将来のために就職活動に励んできた。

しかしこうした「自立」へと向かうわたしたちの生き方が、少年たちに「ホームレスはこじきで人間のくず」と認識させ、彼らの行為を正当化させてしまったことは否めない。「自立」をめぐるわたしたちの「アタリマエ」が、彼らを凶行へと駆り立たせてしまったのだ。

肩書きなくして自立なし

つながりに名前はいらない

辻本　健治

つながりの二面性

「つながり」という言葉を聞いてなにを感じるだろうか。わたしは「見えないがゆえに不確かなもの」であると同時に、「人生のなかでなくてはならないもの」と感じている。そのように強く感じるにいたったのは、大学二年生のころに傍聴したある裁判だった。

タクシードライバーをしていた被告人の男性は、会話の流れで乗客が薬物の売人であることを知り、その乗客から覚せい剤を購入し、使用した疑いで逮捕、起訴された。二〇年ほど前にも覚せい剤取締法違反で捕まったこの男性は、釈放後に足を洗い家庭も築いていたが、事件の二年前に離婚して独り身となっていた。そして「家族と離れて寂しくなり、また手を出してしまった」と供述していた。

傍聴席にはわたしと友人の二人しかいなかった。男性が振り返ることはなかったが、ほとんど誰もいないこの状況を、背中で感じとっていたに違いない。彼は孤独だったのだと思う。心の隙間を埋めるために薬物に手を出してしまったのだ。男性と裁判長とのやりとりを聞きながら、そのように感じた。そしてこのことから、他者とのつながりは、人生を左右することすらあるのだと強く思うようになった。

「つながり」という言葉にネガティブなイメージをもつ人もいるかもしれない。「他人とかかわっていると気疲れする」「なるべく一人で自由に過ごしたい」と思う人も少なくないはずだ。たとえ人と人とのつながりが大切だとわかっていても、ときに他人との関係を保ちつづけることが億劫になったり、ひとりだけの時間が欲しくなることがある。それに、一人旅が好きな人もたくさんいるけれど、彼らの心の内には「自分を縛るつながりから解放されたい」という思いもあるのではないか、とも感じる。

『友だち幻想』という本のなかで社会学者の菅野仁は、「生のあじわいの源泉」と「脅威の源泉」という表現を用いて、他者という存在の二面性について述べている。つまり誰かとつながりをもつことは歓びでもあるが、それはときに脅威にもなるのだと菅野は言う。恐れ、嫉妬、憎しみといった感情が生まれたり、自分の弱さをまざまざと思い知らされたりして、心が圧迫されるような感覚を抱くことがあるからだ。では、一見するとつながりをもたない孤独な存在にも見えるホームレスはどうなのだろうか。

わたしは上京する前の一年間、名古屋のとある公園の近くに住んでいた。その界隈にはホームレスがたくさん暮らしており、外に出るたびにその姿を目にしてきた。彼らは高架下で寝ていたり、空き缶を拾い集めたりしていて、独りで行動しているように見えた。誰もが家族や友人など深いつながりをもって生きているのが当然だと理解していたわたしにとって、それらを欠いているように見える彼らは、哀れな存在に感じられた。

ホームレスを中心とする生活困窮者の自立支援などを行なっているNPO法人ビッグイシュー基金のホームページには、人がホームレス状態になる理由として、次のように書かれている（「ホームレス問題の現状」）。

人は仕事と住まいを失うだけでは「ホームレス」になりません。人とのつながりや希望を失って孤立した時、hopeless になり homeless になると、私たちは考えています。

ここに書かれているように、ホームレスになるおもな理由には、「つながりの喪失」がある。名古屋で毎日のように彼らの姿を目にしていただけあって、この言葉に納得するところは多い。しかし、新宿の路上でホームレスから直接話を聞くうちに、彼らはなにも希望を失っているわけでも、孤立しているわけでもないことを知った。

暗黙の距離感とささやかなつながり

新宿といってもホームレスがいる場所は、都庁周辺、新宿駅西口、新宿大ガードなどさまざまだ。わたしは普段から副都心線をよく利用し、新宿駅東南口の高架下をよく通っていた。実家の名古屋に帰省するためバスタ新宿に向かうときも、毎回、この高架下を通る。わたしはこの場所がなぜか気になっていた。

片側一車線の狭い道路沿いにあるこの隠れ家のような場所に来ると、不思議と居心地のよさを感じる。高架下にもかかわらず日中は太陽の光が差し込み、夕暮れになると観光案内所や喫煙所の明かりが辺りを照らす。近くのアウトドアショップの店前のフロアに木材が使用されていることにも、緑がほとんどない都会でちょっとした安心感を覚える。

ある日、吸い寄せられるようにその場所に向かうと、布団の上で競馬新聞を食い入るように読んでいるおじさんがいた。声をかけると、「ここ座れよ」と言って布団をたたき、快く迎え入れてくれた。「競馬、お好きなんですか?」と聞くと、「競馬は好きだけどお金がないから賭けないんだ。でもよく当たるんだよ」と得意げに話してくれた。おじさんは、「クボタ」と名乗った。

このとき同じ高架下には、彼のほかに四人のホームレスがいたが、クボタさんはべつに彼らとはほとんどかかわりがなく、あいさつをする程度なのだという。しかしクボタさんは彼らを拒絶しているわけでもなかった。あまりかかわらないという暗黙の距離感が彼らのあいだにあっただけだった。実際、クボタさんは人当たりがいい。それにやさしかった。たとえば数カ月前までは、そこに路上生活を始めた二〇代の若者がいたが、彼はほとんど服を持っていなかったため、クボタさんが服を貸していたという。

若者は生活保護の申請が認められ、いまではアパートに移ったらしい。新型コロナウイルスの影響もあってか、路上生活をする若者が増えているようだった。慣れない路上生活を送る人たちに手を差し伸べる、クボタさんのやさしさを感じた。

ひとつひとつの出会いに感謝する

クボタさんはもともと銀行で働いていた。しかし持病のリウマチが悪化し、仕事を辞めざるをえなくなり、川崎で路上生活を始めることになった。実家は新潟にあるが、親兄弟や親族に頼ることは考えなかったという。家族であっても迷惑をかけたくないという思いが強かったのだろう。その後、生活保護の申請をしたが、年金を受給していたこともあり却下された。わたしはクボタさんの腫れあがった手を横目に見ながら、「ちょっとした運命の分かれ道から、誰だってホームレスになりかねないのだ」と考えていた。

クボタさんが使っている布団は通行人からもらった物で、食料もよくもらう。物をくれる人のなかには外国人も多く、とくに、ある四〇代くらいの外国人女性は「食べる?」と言ってたびたびパンを差し入れてくれるそうだ。わたしは彼女と遭遇してはいないものの、「食べる?」と、選択肢のある言葉を添える彼女に思いやりを感じた。

新宿の路上を見ていると、ホームレスがお金の入った空き缶や茶碗などを目の前に置いて物乞いしている光景を目にする。しかしクボタさんは、そういった容れ物は使っていない。なぜなのだろうか。

聞いてみると、「やっぱり、もらい物は直接手でもらって感謝を伝えたい」「もらうという事実は同じでも、缶を置くと自分を蔑むことになるんだよ」とクボタさんは答える。容れ物を介した間接的なやりとりではなく、直接的にやりとりするために容れ物は使わない。予想外の答えが、余韻をともなってわたしの心に響いた。

クボタさんは顔と顔、そして手と手で直接やりとりされる物や言葉こそ大切なのだと説く。そんなクボタさんの言葉を横で耳にしながら、わたしは彼と同じように、他人と直接つながりをもつことに感謝して生きているだろうかと、思わず自分のことを振り返ってしまった。人は誰しも独りでは生きていくことなどできない。そんな当たり前のことを、つい忘れてしまいがちだ。ひとつひとつの出会いを大切にするクボタさんの姿から、自分の人生もまた、無数のつながりに支えられてきたことを気づかせてもらった気がした。

話を聞いている最中にも、あるタクシードライバーの男性が、クボタさんとわたしに五〇〇円玉を一枚ずつ渡してくれたことがあった。そのときもクボタさんは、相手の顔を見てうれしそうにお礼を言っていた。

名前も知らない誰かがつなぐhope

つながりは、「生きがいをもたらすもの」で「人生のなかでなくてはならないもの」だと、いまも変わらずに思う。でもそのつながりのあり方は、クボタさんとの出会いを経て、かつて思い描いていたものからより広がりをもったものに変わった。

たしかに家族とのつながりは、誰にとっても大きなものだろう。冒頭の覚せい剤で捕まったタクシードライバーのように、家族とのつながりの喪失が道を誤るきっかけになることもある。しかしつながりは脅威でもある。ネガティブな感情を抱くきっかけにもなるし、世の中にはひとつ屋根の下に住みながらもつながりを失っている人もいる。そして家族のことについて多くを語らないところをみると、クボタさんもそうしたつながりを失った一人だ。

しかしクボタさんは、路上で生まれた新しいつながりを大切にしながら生きていた。一期一会で生まれるつながりもあれば、パンを定期的にくれる外国人女性のように、少しだけ密なつながりが生まれることもある。こうしたつながりはいつ切れてもおかしくない淡いものかもしれないが、それでもクボタさんにとっては、そんな路上で生まれたつながりがなによりも代えがたいものだった。クボタさんは、わたしが当初思い描いていたような哀れな人のようにも、あるいはビッグイシュー基金の定義にあった「つながりや希望を失って孤立している人」のようにも思えなかった。

もちろん、クボタさんもホームレスになったときはつながりや希望を失っていたのかもしれない。しかし彼はいま、路上につながりや希望を見いだしている。ただ、それは名前のないものだ。そしてそうしたつながりから生まれるやさしさを直に受けとることで、彼は生きていた。だから彼はひとつひとつの出会いに感謝する。そこに、クボタさんのhopeがあった。

3　〈ホーム／ホームレス〉のその先へ

路上の声に耳を澄ます

出会い方を変えて、見方を変える。学生たちが路上で／から考えてきたことを通して、この言葉の意味を少しでも伝えることはできただろうか。また、これまでイメージされてきたようなものとはまた違った「ホームレス」の姿を、路上の手触りをそのままに、うまく伝えることはできただろうか。

新型コロナウイルスの感染拡大で外出することもままならないなか、わたしたちは時機を伺いながら、時間の許すかぎり、路上に生きる人たちのもとを訪ね歩いた。「ボランティアプロジェクト」と銘打ってはいるものの、一般的に想起されるものとは違ったかたちで彼らに出会うことで、彼らの生きる現実を、彼らの側から理解しようとしてきた。

もちろん、わたしたちが新宿の路上で出会った人たちについて語ることが、ホームレス一般について語ることにはならない。わたしたちが拾い上げることのできた路上の声はけっして多くないし、聞きそびれたこともたくさんある。だから語りうることはとても限られている。しかしそれでも語りうることはあるし、語るべきことがある。そう信じながら、彼らの言葉ひとつひとつをどう受けとればいいのかを、ときに戸惑いながら、ときに迷いながら、考えてきた。

そうすることで少しずつ見えてきたのは、わたしたちの「アタリマエ」がすんなりとは通用しない、いや、むしろわたしたちの「アタリマエ」をその根底から大きく揺さぶるような生の地平だ。それはまた、「無力な弱者」という理解が、ひとつの見方に過ぎなかったことをわたしたちに痛感させる。

たしかに路上は、それまでの人生でいろいろなものを失った、あるいは自ら手放した人たちが最後にたどり着く場所のひとつだ。そこでの生活も、「健康で文化的な最低限度の生活」からは程遠いものに見えるかもしれない。しかしだからといって路上に生きる人たちを「無力な弱者」と見ることは、わたしたち人間が生きる多様な現実とその豊かさを取りこぼすことになる。「なんとかなる」。まずはそんな彼らの言葉に耳を傾けなければならない。

少なくともわたしたちが新宿の路上で出会った人たちは、ときにしたたかに、ときにしなやかに、わたしたちには無味乾燥にも見える路上を生きられる場所へと変えていくことで、生を紡いでいる人たちだった。そんな彼らの姿から見えてくるのは、どんな状況にあっても生きようとする、人間の底力とその可能性だ。

だからか、彼らの声に耳を澄ませるたびに、わたしたちはわたしたち自身の「アタリマエ」を問いなおさずにはいられなかった。そもそも彼らに「レス」しているとわたしたちが考える「ホーム」とはいったいなんなのか。わたしたち自身が揺さぶられてしまった。わたしたちと彼ら、あるいはホームとホームレス。両者の関係はなぜこんなにもいびつなのか。そんなことにまで思考が広がってしまった。

そうした戸惑いと疑問を大切にしながら、都市を、そして路上を生きるとはいったいどういうことなのかを、これまでの議論を振り返りつつ、学生とわたしが集めたデータをもとに、改めて考えてみようと思う。そうすることで、わたしたちがこれまで取りこぼしてきた、わたしたち人間が生きる多様な現実の豊かさに目を向けてみようと思う。そしてわたしたちの「アタリマエ」を問いなおしながら、〈ホーム／ホームレス〉という分断を乗り越えていくための手がかりを探っていこうと思う。

ところで、すでにお気づきかもしれないが、わたし自身が大学生のころに名古屋で出会った人たちと、わたしたちが新宿の路上で出会った人たちには、そのライフスタイルに大きな違いがある。前者は小屋やテントを拠点に生活する定住型のライフスタイルを送る人たちだったが、後者は特定の拠点なしに生活する移動型のライフスタイルを送っている人たちだ。

たいした違いではないと思われるかもしれない。しかし両者は基本的なところで共通性をもちつつも、ときにまったく違う生のあり方をみせる。とくに現在の東京都心部では、定住型よりも移動型のほうが多い。それは行政による排除の結果でもあるし、生活場所が都市周辺部か都市中心部かの違いでもある。

本書のタイトルにもなっている「トーキョーサバイバー」とは、東京都心部で、特定の拠点をもつことなく路上生活を送る人たち、そのなかでもわたしたちが実際に路上で出会った人たちにつけた呼び名だ。だからここからは、彼らを適宜「トーキョーサバイバー」と呼びながら、議論を進めていこう。

惹きよせられ、追いだされ

世界でも有数の巨大都市・東京。資本、労働力、商品、情報など、ありとあらゆるものが集まるこの都市には、いまもむかしも多くの人が夢と希望を胸に集まってくる。しかし誰もが「成功者」になれるわけではない。夢半ばに故郷へと帰っていく人もいれば、いつか叶うと信じて夢を追いつづけている人もいる。

わたしたちが新宿の路上で出会った人たちの多くも、期待に胸を膨らませて東京にきた人たちだった。ただ、いろいろな事情が重なって、仕事を失った。しかし彼らは故郷に戻ることなく、東京に留まった。そして、ホームレスになった。

ホームレスと都市は密接な関係にある。なによりも都市には、生きていくために必要な資源が豊富にあるからだ。地方に比べれば、仕事の機会に恵まれている。空腹を覚えても、炊き出しなどの支援がある。家がなくても、眠りにつくことのできる場所がある。イクちゃんが言うように、「東京は金がなくても生きていける」（一一五頁）。しかし彼らが都市で生きていけるのは、こうした理由だけではない。

たとえば都市ゆえの雑多性。現にこれまでたびたび登場してきたニシさんは、多種多様な人間が集まる場所だからこそ、「まぎれ込める」と口にする。郊外であれば「不審者」としてすぐに通報されるが、都心ではそうした心配がいらないのだ、と。普段は見かけない身なりであっても「個性的なファッション」となり、路上で寝転んでいても「終電を逃した酔っ払い」で済まされる。いろいろな人がいる。それが、都市での擬態を可能にする。

そしてときに「都市の冷たさ」とも表現される匿名性。血縁や地縁など、従来の共同体を成り立たせていたつながりが希薄な場所だからこそ、誰それが何者であるかはたいした問題にはならない。ときにしがらみともなるつながりをそれほど必要としないからこそ生きていくことができるのも、都市ならではだ。

しかし都市であればどこでもいいというわけではない。ひと口に都市と言っても、路上生活に適した場所もあれば、そうではない場所もある。たとえば東京では、新宿区や渋谷区、台東区、豊島区、墨田区、そしてそれぞれの主要駅の周辺に、ホームレスが多く暮らしている。ただ、そうした地域であっても、住みやすいかどうかは、また住みたいかどうかは人によって大きく異なる。高谷はそこに注目していた（四八頁）。なぜ新宿なのか、と。

三〇年近くも前のことだから記憶にある人はあまりいないかもしれないが、新宿という街は「ホームレス」という存在が広く知られるきっかけとなった街のひとつだ。そしてその象徴が、新宿駅西口の地下通路と地下広場に広がっていた「ダンボール村」である。

バブル経済が崩壊した一九九〇年代初め、それまで寄せ場（日雇い労働者が仕事を探す青空労働市場）で仕事を探し、ドヤ街（簡易宿泊所が立ち並ぶ街）に身を寄せていた日雇い労働者の多くが仕事からあぶれるようになった。寄せ場に行っても仕事がなく、仕事がないから宿にも泊まれない。そこで彼らは新たな生活場所を求めて新宿に集まった。人が集まるところコミュニティあり。新宿駅西口の地下には、行き場を失った人たちが身を寄せあい、ともに生活を営む、一種の「アジール」（権力のおよばない避難所）とも言える空間が広がっていた。

新宿まで電車で一時間もかからない場所に暮らしていたものの、当時はまだ中学に上がったばかりのわたしにダンボール村の記憶はほとんどない。しかし各種メディアが何度も取り上げていたこともあって、わたしよりも少し上の世代の人たちには、新宿とホームレスそれぞれのイメージが比較的容易に結びつく。北海道出身のイクちゃんに、沖縄出身のキンジョウさん。日本の最北端と最南端で生まれ育った彼らもまた、そんなイメージを共有する人たちだった。

高谷が言うように、新宿はなにかと便利な街だ。おびただしい数の人が行き交うからこそ、飲食店の数は凄まじい。競争原理が働くために、コスパの良い食事が昼夜問わず、そこかしこで提供されている。それに主要な街への交通アクセスのよさは、毎日のように都内のどこかで行われている炊き出しへのアクセスを容易にする。徒歩での移動が基本だが、いざというときは都心部を周回する山手線に、そのあいだを突き抜ける中央線もある。さらに新宿は、寝場所の確保も比較的容易だ。ヒラカワさんいわく、池袋よりも新宿のほうが雨風から身を守ってくれる場所が多いという。そしてイクちゃんにいたっては、治安の良さを指摘する。

かつて渋谷に住んでいたこともあるイクちゃんは、「渋谷はうるさい」と口にする。若者が多く集まる渋谷は新宿に比べて喧騒なのだ、と。しかし閑静であればいいかというと、そうではない。「人が多いと気になって寝られない」が、かといって「まったく人が通らないのは嫌」だからだ（五五頁）。襲撃を心配することなく眠りにつくことのできる安心と安全。どちらが欠けても路上生活は成り立たない。しかし新宿、とくに都庁前は、そのどちらも確保できるのだとイクちゃんは言う。「都庁周辺を行き交う人たちに変な人はあまりいない」からだ。

ホームレスにとって安心・安全に眠りにつくことのできる場所のひとつが、彼らを排除しようと躍起になっていた都庁の真下にあるのはなんとも皮肉なことだが、新宿が、ひいては都市が、ホームレスにとってやさしい場所かというとけっしてそうではない。ホームレスが集まるからこそ、彼らを排除しようとする力は強く、そして大きい。

たとえば二〇〇九年にある大手スポーツメーカーに命名権が売却された宮下公園（渋谷区）では、その翌年に「公園の環境改善」や「違法状態の是正」を理由に、公園内の小屋やテントが強制的に撤去された。そしてつい最近では、東京オリンピック・パラリンピックの開催に向けた新国立競技場の建設とそれにともなう周辺地域の再開発で、明治公園（新宿区・渋谷区）に暮らしていた人たちが強制的に退去させられている。

こうした「追い出し」は、おもに定住型のライフスタイルを送る人たちの排除を目的としたものだが、追い出しが終われば排除の動きも止まるかというと、ことはそう単純ではない。強制撤去や強制退去のように目に見えるかたちの排除がある一方で、わたしたちの目にはなかなか留まらないものがあるからだ。それが、柴田が注目した「排除アート」である（六二頁）。

写真家でジャーナリストの都築響一が命名したとされる「排除アート」は、ホームレスを寄せつけないようにデザインされた造形物のことを指す。たとえば高架下に埋め込まれた石の一群や、地下通路のデッドスペースに設置された無名のオブジェなど、どれもホームレスが身体を横にして休むことができないように設置されたものだと言われている。

そんな排除アートのなかでも、わたしたちにとってもっとも身近なものがベンチだろう。たとえば宮下公園の跡地に二〇二〇年に開業した商業施設ミヤシタパークには、単管パイプのようなもので作られたシンプルな棒状のベンチや、シルバーのフレームに金網状のメッシュ加工が施された近未来的なベンチ、そして丸太が複雑に組み上げられた重厚なベンチなど、ゆっくりと腰かけるのを拒むようなベンチがいたるところに設置されている。

ただ、こうした排除アートを考えるうえで問題をややこしくしているのは、どれもデザイン性が高い（ようにみえる）ことにある。だから本当にホームレスの排除を目的に設置されたものなのか、設置側の意図が読みとりづらい。それなりに目新しいデザインが施された造形物であることもあって、「アートと言われればそうなのか」などと、芸術に無頓着なわたしのような人間にはいかにもそれっぽく見えてしまう。

このほかにも、ミヤシタパークのベンチほどデザイン性をもっているわけではないが、仕切りや手すりのついたベンチもまた、排除アートの一種とされる。しかしこれも、ホームレスの排除という明確な意図の下で設置されたものかを判断するのは難しい。足腰の悪い高齢者のために手すりを設置したという説明も十分に成り立つからだ。

しかし仮にそうであっても、全国津々浦々にあるすべてのベンチに手すりがつけられているわけではないし、手すりだけが後になってつけられた地域に元からホームレスが比較的多くいたことを考えると、そこには「高齢者福祉」や「バリアフリー」とは違った意図が見え隠れする。

ただ、排除を目的としていることがよくわかるものもある。それが、京王井の頭線渋谷駅西口、ちょうど渋谷マークシティの真下にある、無数の突起物が散りばめられたオブジェだ。鉄製のチェーンが周囲を囲む名前のないそのオブジェには、「次の行為は固くお断りいたします」と書かれたステッカーが等間隔に貼られている。そしてお断りされる行為の筆頭にあるのが「仮眠・就寝すること」だ。

ホームレスの排除はわたしたちのあずかり知らぬところで静かに進行している。だからか、排除アートに批判的な声をあげる人たちは多い。たとえば排除アートが監視カメラの普及と平行するかたちで出現してきたと指摘する建築史家の五十嵐太郎は、ハイテクな監視システムとローテクな物理的装置で特定の人を排除する都市を「過防備都市」と呼んで、不寛容な都市のあり方に警鐘を鳴らしている（「排除アートと過防備都市の誕生。不寛容をめぐるアートとデザイン」）。

また、ホームレスの人権を侵害しているという声も、支援の現場などではよく耳にする。たしかに公共空間を不法に占拠してはいるものの、その後のフォローもないままにホームレスを一方的に追い出すことは彼らの生存権を脅かしている、というのがその趣旨だ。実際、宮下公園でテントなどが強制的に撤去されたあと、そこに住んでいたホームレス男性は、支援者たちとともに、渋谷区を提訴した。また、明治公園に住んでいた人たちも、生存権の侵害などを理由に国や都を提訴している。

公共空間を不法に占拠しているのだから追い出されて当然だ、という意見もあるだろう。たしかに道路法や都市公園法といった法律に照らせば、許可なく公共空間を占拠することは違法行為ではある。しかし寝る場所のない人から寝場所を奪うことはその人の命を危険に晒すことにもなりかねない。それに、都市空間が公共性の意味を失いつつあるのはどこか居心地がわるい。だから生存権を侵害しているという批判や、都市が不寛容な空間へと変貌しつつあるという指摘はどちらもよくわかる。とくに前者にいたっては、基本的人権にかかわる深刻な問題だ。

だが、そうした批判的な声とはまた違った声もある。柴田が新宿の路上で耳にしたのは、言ってしまえば「それほど気にならない」という、思わず聞き返さずにはいられないような「当事者」たちの声だった。

たとえばヒラカワさんのように、「もし居場所がなんらかのかたちで奪われてしまったら、次を探さないとな」（六八頁）と考える人がいる。また、イクちゃんが言うような、障害物など気にせず無理にでも眠りにつく人たちもいる。それに、わたしが話を聞いた人のなかには、「いまの場所が使えなくなってもいいように、いつも次の寝床を探している」と話す人もいた。

「仕切りのついたベンチが作られたり、ベンチの数が減ってしまったりしているのは、自分たちホームレスの責任でもあるんだよ」（六九－七〇頁）というカナイさんの言葉がそれとなく示しているように、路上とはそもそも自分たちの場所ではないと考えているからだろう。だからいくつかの寝場所候補地を探しておく。そしていざというときには、いまの場所にさっさと見切りをつけて、別の場所へと寝場所を移す。彼らはとてもリアリスティックだ。

もちろん、排除されないに越したことはない。誰も、せっかく見つけた寝場所から動きたいとは思っていない。わたしたちの平穏な日常の陰で静かに進行する排除が、彼らの生活にまったく影響を与えないわけではない。これまで寝ていた場所が突然使えなくなることは地味に辛く、そして痛い。それに、なかなか落ちつくことのできない状況は、精神的にも堪える。

だが嘆いてばかりもいられない。生きるとは、いついかなるときも待ったなしの現在進行形だ。だから彼らは自分から動く。不測の事態が起きてもすぐに動くことができるように、荷物を最小限に抑えておく。あるいは持ち運びがしやすいように荷造りをしておく。そして、常日頃から次の寝場所候補地を探しておく。そうやって、迫りくる排除の力を受けながす。それが可能なのも、都市を、そして路上を、彼らがいつも歩いているからだ。

歩くこと、住まうこと

「ホームレスはよく歩く」と、ニシさんは言う。たしかに彼らはよく歩く。本当によく歩く。歩いて、歩いて、また歩く。だからニシさんは言う。「ホームレスは歩くのが仕事だ」(八三頁)、と。路上でのライフスタイルが定住型か移動型かにかかわらず、路上を生きるうえでなによりも大切なのは歩くことだ。たとえばホームレス生活を「都市型狩猟採集生活」と呼んだ坂口が隅田川で出会った鈴木さんは、「この生活は飽きないよ。飯が食えなくなることは絶対ないから心配することはないよ。道端にはなんでも落ちてるんだから。とりあえず色々歩いてみな」(『TOKYO 0円ハウス0円生活』七八頁)と、彼が「師匠」と仰ぐウジイエさんから教えられたという。だが、トーキョーサバイバーたちは、鈴木さんのような、特定の生活拠点に生活の一切合切を詰めこんでいく定住型のライフスタイルを送る人たちではない。彼らは、食事や睡眠、休息、入浴、排泄など、生きていくうえで必要な事柄を、それぞれに適切な場所を渡り歩いて済ませていく。そうやって、生活を築きあげていく。だから彼らはとてもよく歩く。

だから彼らは新宿という街にとても詳しい。図書館や商業施設といった暇潰しや休憩に利用できる施設がどこにあるのか、またそうした施設が何時から何時まで開いているのか、場所だけでなく、開館日や開館時間も把握している。そして冷水機や電子レンジ、コインロッカーやコインランドリー、充電スポットなど、お金がなくても、またお金をかけなくても、生きることを、そして生活を豊かにすることを可能にする設備がどこにあるかを知り尽くしている。

それに、彼らの知識はどこそこになにがあるかということでは終わらない。どこの無料Wi-Fiスポットなら利用制限もなく、通信状況もよくて通信速度も速いとか、ちょっと仮眠を取るにはどこのソファの硬さがちょうどいいとか、どこのデパートの給水所なら紙コップが備えつけられているとか、どこの多目的トイレなら警備員がほとんど見回りに来ないから（着替えたり身体を拭いたりするのに）長時間使っていても注意されないとか、どの飲食店なら混雑する昼時であっても利用時間の制限がないとか、彼らの「品定め」は細部にまで行き渡る。都市をみる視点は、歩くたびにその解像度を上げていく。

だから靴はとても重要なアイテムとなる。しかし衣類ほど簡単には手に入らない。支援団体が行なう衣類配布では靴が提供されることもあるが、サイズが違えば靴擦れが起きるし、それでも無理に履きつづければ足を痛めてしまう。足が使えなくなるのは生命線を絶たれることに等しい。路上に落ちていることもあるが、使えないことのほうが多い。ニシさんいわく、「路上にも捨ててあるけど、なんででしょうね。片っぽしかないことが多い」からだ。だから靴にはお金を使うという人は少なくない。

ところで、彼らの「歩く」という行為は、どこか散歩のようで散歩ではないところがある。目的地を定めることなくぶらぶらと街を散策する散歩。しかし彼らにとって歩くことは、たんに街をぶらつくことを意味しない。路上での生活を可能に、そしてより豊かにするための資源を探し出すために、その目はいつも忙しなく動いている。だから彼らの歩き方には、わたしたちがイメージする散歩からは大きくはみ出るものがある。

そんな彼らの歩き方は、明確な目的地をもたないからこそ、偶然の出会いと発見を呼びこみもする。事実、生活するうえで必要な資源は偶然見つけたものだと口にする人は多い。ある地点から別の地点までの直線的な「移動」とは違う歩き方。路上で培った勘を頼りに、ときに気分に身を任せつつ、行き先を自在に変える彼らの歩き方は、新しい発見と刺激をもたらす。

そうした歩き方が可能なのも、彼らが「暇」だからだ。たとえばヒラカワさんが炊き出し会場のある上野まで歩いていることに驚いた小田は、「お金がないから歩かざるをえないのだろう」と考えていたが、そうではなかった（七四頁）。自分の場所ではない路上で生活するからこそ必然的に生まれる「暇な時間」を、ヒラカワさんは歩くことで埋めあわせていた。

起床時間は朝六時ごろ。起きたくて起きているのではなく、「警備員に起こされてしまう」（七七頁）という消極的な理由からだ。起こされてしまうという受動。このことを不憫に思う人もいるかもしれない。しかしヒラカワさんは悲観的ではけっしてない。周囲の環境を自分に合わせようとするのではなく、自分が周囲の環境に合わせることを基本的な身構えとしているからだ。だから「起こされる」という現実を受け入れる。そして他者の場所で生活しているからこそ生まれる空白の時間を、彼は歩くことで埋めていく。

しかしただ歩くわけではない。小銭集めやシケモク拾いといった、彼なりの目的や意味を、歩くというシンプルな行為に託しながら、上野に向かう。歩くことに複数の意味を込めることで、生きていくための活動へと、歩くことの意味そのものを変えていく。

ちなみに、わたしがニシさんと話をしていたとき、彼に都市を歩くときの術を教わったことがある。それが、「目に生気を宿して歩く」というものだった。不審がられないように、とニシさんは言っている。都市に擬態する、ということでもある。目的や意志をもたず歩くことに都市は寛容ではない、ということでもある。だから「目に生気を宿して歩く」。そこには他者の場を生きる者だからこその生きる「技法（アート）」がある。

ところで、「ライン学」（linealogy）という独自の分野を切り開いている人類学者のティム・インゴルドは、『ラインズ』という本のなかで、生きることとは「ライン（線）を引くことだ」と言っている。そのなかでも歩くことは、ラインを引く代表的な行為のひとつだ。それは点と点を結んでいくような直線的な動きではない。つねに伸びつづけていく線として、いろいろな方向へと縦横無尽に曲がりくねりながら、その場その時の状況に応じて引かれていくような動きのことを指す。

インゴルドはその違いを、輸送と徒歩旅行の違いで説明している。はじめから出発地と目的地をもつ輸送が明確な目的をもった動きであるのに対して、徒歩旅行には最終的な目的地がない。「どこに行こうとも、人生が続く限り、彼にはさらに次なる場所が待っている」(『ラインズ』一二七頁)からだ。

輸送にとって重要なのは、いかにスピーディに、そして効率的にヒトやモノを運ぶかにある。ヒトやモノをある地点から別の地点へと運ぶこと。一日の乗降者数がギネス記録にもなった新宿は、まさに輸送の要衝だ。そして「乗客」は、点と点のあいだを直線的に行き来する。周囲の環境からは切り離されたまま、移動する。

しかし徒歩旅行は、周囲の環境の手触りをつねに感知しながら歩みを進める。その日の天候(暑いのか寒いのか、晴れなのか雨なのか)や、その場所の特性(人通りが多いのか少ないのか、騒がしいのか静かなのか、上り坂なのか下り坂なのか)など、時期や時間、場所といった複雑な要素が絡まりあいながら移ろいゆく環境を、その身体を介して直接的にかかわること。「乗客」として目的地へと運ばれていく輸送とは違い、「歩行者」として自ら動く徒歩旅行には、環境とのかかわり方に決定的な違いがある。

それに、徒歩旅行には起点も終点もない。つまり点がない。ほかの誰かが引いていくラインとも交じりあいながら、いろいろな方向へと伸びていく。そうやって、世界が具体的な厚みをもった豊かさとともに創られていく。そしてそんな動きが引くラインのあり方を、インゴルドは「メッシュワーク（網細工）」と呼ぶ。それは点と点を直線的に結ぶ「ネットワーク（網目）」とは違い、絶えず生成変化していくものだ。

トーキョーサバイバーたちは、その軽快なフットワークを武器に、ネットワークの集合体である都市を渡り歩いていた。そして都市に点在する施設や設備を、それぞれの生活の必要に応じて利用し、彼らなりの生活を築きあげていた。歩くこと。それはまさに、生を紡ぐ営みそのものだ。ちなみにインゴルドは、徒歩旅行にみるようなラインの引き方、あるいはメッシュワーク的なラインのあり方こそが、この世界に住まうことだとして、次のように言う。

> 居住 *habitation* という言葉で私は、そこに住むためにやって来る人間集団があらかじめ用意された世界のある場所を占める行為を示すつもりはない。居住者とはむしろ、世界の連続的生成プロセスそのものにもぐりこみ、生の踏み跡をしるすことによって世界を織り出し組織することに貢献する者である（同：一三三頁）。

ネットワークとしての都市を歩行者として、歩くことで、生を紡いでいくトーキョーサバイバー。彼らはメッシュワーク的な動きを通して生を創造する。そのようにして路上を、生きられる場所へと変えていく。インゴルドいわく、それこそが「住まう」ことである。であればホームレス＝トーキョーサバイバーとは、「都市に住まう者たち」ということになるだろうか。

スキマをみつける／つくる

インゴルドによれば、住まうことは場所を占拠することではない。自分の身体を介してこの世界と直につながり、世界を創っていくことだ。歩くことを生活の中心におくホームレス、そのなかでもわたしたちが「トーキョーサバイバー」と呼ぶ移動型のライフスタイルを送る人たちは、まさに歩きつづけることで生を紡ぎ、動きつづけることで都市に住まう。

とはいえそこは路上という公共空間である。公共のものだから、私有化は許されない。誰それのものではなくみんなのもの。それが「公共」という言葉の意味である。だからある場所を占拠することは、「不法行為」とみなされる。だから公然と排除が行なわれる。しかし彼らには、占拠とはまた違ったかたちで都市を生き抜く技法がある。

たとえばニシさんは少し前まで、二〇一六年に新宿駅南口に開業したバスタ新宿で寝ていた。イクちゃんの言う「メジャーリーガー」だったときだ（一一八頁）。なぜメジャーリーガーだったかというと、ベンチに横になるのではなく、ベンチに座ったまま寝ていたからだが、そんな「苦行」にも見えるニシさんの姿が、イクちゃんの目には「思いがけないプレー」に映っていた。

そんなニシさんが寝ていたのは、バスターミナルがある四階ではなく、タクシー乗り場がある三階だった。一見すると、すぐ上の階にあるバスターミナルのほうが居心地はよさそうに思える。長距離バスの乗客用に作られた待合室にはたくさんのベンチが並べられ、空調設備も完備されているからだ。夏は涼しく、冬は暖かい。しかしニシさんはベンチもほとんどなく、待合室のように外気を遮る壁も空調設備もない三階で寝ていた。夏は暑く、冬は寒い。だが、通行人はまばらなので静かだった。腰が痛くなることもあったが、「慣れてしまえばどうってことない」（一一八－一一九頁）とニシさんは言う。

とはいえニシさんは最初から三階を選んだわけではなかった。新宿に来た当初は、四階にある待合室で寝ていた。だが、当時は二四時間開放されていた待合室を、終電を逃した人たちも利用しはじめたからか、しばらくすると開放時間が制限されてしまったという。それに、たとえ座っていても眠っているとすぐに警備員が駆けつけてきて起こされてしまう。

そんな状況がストレスにもなって、ニシさんは三階に移動した。そうして安心・安全に寝ることのできる場所を確保した。バスターミナルがある四階と、タクシー乗り場がある三階。たった一階分の差は、いったいなにを意味しているのか。

バスタ新宿の四階は、「新宿高速バスターミナル株式会社」という民間企業の管轄になっている。民間企業にとって、招かれざる客は営業妨害にもなりかねない迷惑な存在だ。だから警備員を雇い、つねに監視の目を光らせている。一方、タクシー乗り場のある三階は、国土交通省の管轄だ。その辺りにある道路と同じように、国が管理している。だから三階には警備員がいない。バス降り場もあるからか、たまに警備員が四階から見回りにやってくることはあるが、あからさまでなければ、寝ていても注意を受けることがない。だからニシさんは、三階に座ったまま寝ていた。

同じ建物であることもあって、階によって管理主体が違うことは普通わからない。バスタ新宿を利用する一般客に、この違いに気づく人はいないだろう。しかしそこには管理主体が違うからこそ生み出されるスキマがある。わたしたちにはひとつの建物にしかみえない空間に、企業と行政それぞれの論理が（文字通り）階層ごとに配置され、たった一階分の差がスキマを生み出す。ニシさんは、そんな管理システムの違いが生み出すスキマを利用していた。

小泉が出会った、都庁のすぐ脇の路上で寝泊まりしているナガセさんも、同じようにスキマを見つけては、そこを寝場所にしていた（一四二―一四三頁）。ただ、ナガセさんがニシさんと違うのは、空間のスキマだけでなく、時間のスキマも加味されている点だ。

小泉は書いていなかったが、ナガセさんは普段から、荷物を道路側のスペースに置いている。そして寝るときは、そこから二メートルほど内側のオフィスビル側のスペースで寝る。すぐ上に歩道橋がかかっているとはいえ、道路側は車の音でうるさく、雨が降れば濡れてしまうからだ。

であればいっそのこと、オフィスビル側に荷物を置いてしまえばいいのではないかと思うかもしれない。しかしオフィスビル側は私有地だ。だから荷物をずっと置いておくと、知らぬ間に撤去されたり、最悪の場合、寝ることすら禁止されてしまう。それに、日中は多くのサラリーマンが行き交うために人目にもつきやすく、そのぶん警備員の目も光る。だからナガセさんは、公有地である道路側を荷物置き場として利用しつつ、寝るときだけはオフィスビル側を利用していた。

ところで、こうした都市のスキマが維持されるには、名もなき人たちの存在がある。たとえば須賀が出会ったアズマさんは、終電から始発までの時間のスキマを利用して新宿駅西口の地下通路に寝ていたが、「暗黙の了解」（八八頁）と彼が言うように、見て見ぬふりをする警備員が、彼が寝ることを許容していた。彼らのあいだに具体的なやりとりはない。しかし、いやだからこそ、そこには路上に生きる人たちが生きていくためのスキマが維持される。

ほかの人の場合も同様である。ニシさんが座ったまま寝ていたのは、横になると注意を受けて追い出されてしまうリスクが高まるからだった。また、ナガセさんが早朝に掃除をするのは、「邪魔にならないように」（一四三頁）という配慮からだった。彼らがその場所を利用していることは警備員たちも知ってはいる。しかし「迷惑」にならないかぎり、警備員たちは彼らが寝ることを許容する。都市のスキマは、そうした名もなき人たちの「見逃し」によって静かに守られる。そこには西村が困惑した、介入なきやさしさがある（一〇二頁）。

一方、彼らは都市のなかにスキマを見つけるだけに留まらない。自分たちの手でスキマを作りだしもする。たとえば須賀は、歩くことから座ることへと彼女自身の行動を少し変えることで、それまで彼女を悩ませていた威圧的な街の風景を一変させることとなった。そしてそれを可能にしたのは、母ちゃんが彼女に差しだした「どこでも椅子」だ（八五頁）。

母ちゃんは、新宿にはスキマがないと考えていた須賀に、たったひとつの椅子を差しだすことで、スキマを作りだす。移動するために計画され整備された路上に「腰を下ろす」というとてもシンプルな行為を通して、そこを瞬く間にコミュニケーションの場へと変える。「座るところではない」「座ってはいけない」といった社会的コードが埋めこまれた路上に座ることで、路上を生きられる場所へと母ちゃんは変えていく。

ところで、ニシさんやナガセさん、そしてアズマさんのように、一見するとスキマがまったくないようにみえる都市のただなかに、スキマを見つけだすこと。そして母ちゃんのように、スキマを作りだすこと。都市を、そして路上を、静かに、そして巧妙に、生きられる場所へと変えていくこと。そうした彼らの生きる技法は、フランスの歴史家ミシェル・ド・セルトーのいう「戦術」と呼ぶに相応しい。

『日常的実践のポイエティーク』という本のなかでド・セルトーは、「戦術」と「戦略」という言葉を使いながら、権力をもたない市井の人びとが権力のもとでどうにかやっていくもののやり方に注目している。彼のいう「戦略」とは、「ある意志と権力の主体（企業、軍隊、都市、学術制度など）が、周囲から独立してはじめて可能になる力関係の計算（または操作）」（『日常的実践のポイエティーク』一〇〇頁）のことだ。身近な例を挙げれば、都市の再開発がこれに当たる。たとえば東京では、いまも多くの街で再開発が進められている。再開発を担うデベロッパーたちは、高層ビルから都市を見下ろしたり、精緻な模型を前に都市全体を眺めたりしながら、オフィスビルや商業施設などをどこに配置するかを決めていく。そしてそれらを道路や歩道で結びつけることで、人の流れやその経済的効果を計算していく。意志と権力の主体としてのデベロッパーは、周囲からは独立した視点で都市の全体を見渡し、都市をまるごと力関係が張り巡らされた空間へと変えていく。都市とはまさに戦略の産物だ。

これに対して「戦術」とは、「自分のもの〔固有のもの〕を持たないことを特徴とする、計算された行動のこと」（同：一〇一頁）だ。意志と権力の主体が駆使する戦略によって作られた場所で、権力をもたない人たちが、権力にすべてを絡みとられることなく、なんとかやっていくこと。機会さえあれば臨機応変に、その都度、自分にとって有益なものを得ようとするもののやり方のことをいう。それは意志と権力の主体が意図しないかたちで、戦略という空間やそこに集う人たちを統制しようとする権力を、受けながしたり、ずらしたり、はぐらかしたりする、ささやかな抵抗だ。スキマを見つけること、スキマを作ることは、そうした戦術としてある。

うけながす、ずらす、はぐらかす

戦術を駆使して都市に住まうトーキョーサバイバーたちの生活は、とても柔軟な考え方と振る舞い方で成り立ってもいる。そのことを、人類学の泰斗であるクロード・レヴィ＝ストロースが『野生の思考』という本のなかで使った「ブリコラージュ」という比喩を手がかりに見ていこう。ブリコラージュとは、身近にあるありあわせの道具や材料を使って、なにか新しいものを創りだすものの やり方のことだ。

レヴィ＝ストロースは、それまで前論理的だとされてきた「未開社会」と呼ばれた人たちがもつ思考に、わたしたち人間に古くからある普遍的な思考を見いだし、それを「野生の思考」と呼んだ。それは近代科学に特徴的な、緻密な計画を練ってそれを効率的に達成しようとする「栽培化された思考」ではない。計画などもたずにその場その場で必要なものを作り出していく「具体の科学」である。そしてレヴィ＝ストロースはその特徴を、「日曜大工」とも訳される「ブリコラージュ」という比喩で表現している。

身近にあるありあわせの道具や材料を使って、なにか新しいものを創りだすブリコラージュ。

身近な例を挙げるなら、冷蔵庫にある食材の残りで食事を作ること、そして散歩しているときにたまたま見つけた花を摘んで花束を作ったりすることなどがこれに当たる。生活に必要なものや生活をより豊かにするものを、身近にあるものを柔軟に組みあわせることで作りだすもののやり方のことである。

坂口の言う「都市型狩猟採集生活」は、まさにそうしたブリコラージュによって支えられている。都市が排出する廃棄物＝〈都市の幸〉を拾い集め、活用し、流用し、再利用しながら、都市のなかに自分なりの生活を作りあげていくやり方は、野生の思考をものの見事に具現化している。そしてトーキョーサバイバーたちも、都市に溢れる資源をブリコラージュすることで、自分たちなりの生活を成り立たせていた。

たとえばダンボール。彼らは商品を包装するために作られたダンボールを、その軽量さや加工のしやすさ、さらにはクッション性や断熱性を活かして、「寝る」という本来の用途とは違うかたちで利用する。

だが、ダンボールであればなんでもいいというわけではない。ダンボールひとつとっても、詰めこむ商品の種類や大きさ、そして重さによってその厚みや強度は違う。それに、ダンボールを集めるにも、どこでもいいというわけではない。店によって扱っている商品が違うため、廃棄されるダンボールの種類も違ってくるからだ。さらに、夏なら厚みのないものでいいが、冬であれば厚みのあるものがいいなど、季節によっても、有用なダンボールの種類は変わる。また、ダンボールをどう組みあわせるかで、通気性や保温効果も違ってくる。

持ち運ぶ距離によっては重すぎても困るが、かといって軽さを重視すると厚みがないから冬場には適さない。寝場所や気候など、その時どきの状況に応じて、ダンボールは選別される。こうしてダンボールは、新しく作り変えられていく。野生の思考によって、ダンボールには新しい意味と用途が与えられていく。

ただ、移動型のライフスタイルを送る人たちのブリコラージュは、定住型のライフスタイルと比べるとその程度は限定的だ。特定の生活拠点をもたない彼らの生活では、移動のしやすさが重視されるからである。だから彼らは物をあまり持たない。余分な荷物は、植栽が施された中央分離帯のなかに隠したり、コインロッカーなどに保管しておく。そうやって身軽であろうとする。実際、彼らの持ち物は、ニシさんが常日頃から持ち歩く「最先端ホームレスセット」（一三七頁）が詰め込まれたバッグパックのようなものから、台車やキャリーケースで持ち運べるくらいのものしかない。

とはいえ野生の思考でエッセンスは、なにか新しいものを創りだすことよりも、具体的で多義的な「記号」、つまり「これにも使える、あれにも使える」というものを自在に組みかえるもののやり方にある。栽培化された思考が、抽象的で特定の機能や目的しかもたない「概念」、言ってしまえば「これしかない」というものを操作するのに対して、野生の思考は圧倒的な柔軟性と創造性にその特徴がある。そう考えると、定住型のライフスタイルとはまた違った、移動型のライフスタイルならではブリコラージュが見えてくる。

たとえば彼らの生活は、デパートなどに設置された無料の給水機や、パチンコ店やコンビニなどに設置されている電子レンジや給湯器、コンビニやファストフード店が提供する無料の充電スポット、公共施設などで提供される無料の Wi-Fi スポットといった設備に加えて、多目的トイレや図書館などの施設を活用することで成り立っている。食事、睡眠、休息、入浴、排泄といった生活に必要な事柄を、そうした設備や施設で済ませていく。本来の用途をそのままに、生活の必要に応じて、都市ならではの資源をその都度利用していく。その姿はまるで、都市をまるごと「自分の家」とみなしているかのようだ。

もちろん、設備や施設を提供する側は、彼らに利用されることを念頭になど置いていない。炊き出しでもらったお弁当を温めるために電子レンジを利用していいかと店員に聞いても、断られるのが関の山だろう。だから彼らは客を装ったりする。その場にいても不自然には思われないような格好をしたり、商品を探すふりをしたりして、客を装う。そうやって、意志と権力の主体の想定や意図を受けながし、ずらし、はぐらかす。それは、ある生活拠点に生活に必要な事柄の一切合切をもちこむ定住型のライフスタイルが、〈都市の幸〉をブリコラージュすることで生活を築きあげていくのとはまた違ったかたちの戦術だ。

ただ、どちらも概念ではなく記号を巧みに操作しているという点で大きな違いはない。栽培化された思考によって作られた物を、そして戦略によって作られた空間を、「こうとしか使えないもの」としてではなく、「こうとも使えるもの」として使う。そうやって彼らは都市を飼い慣らす。そうやって彼らの生は静かに躍動する。

ところで、そんな彼らの姿を見ていると、彼らのことを「都市のアナーキスト」とでも呼びたい衝動に駆られてくる。「反政府主義者」や「無政府主義者」と訳されることもある「アナーキスト」。だからか、国家を転覆させようとする「不届き者」という印象をもつ人もいるかもしれない。たしかにそうした意味でこの言葉が使われた時代はあった。だがひと昔前とは違って、アナーキストはかならずしも国家転覆を図る危険分子を意味しない。論者によって定義はいろいろあるが、ここでは「権力に対して抵抗力をもつ人たち」くらいにゆるく定義しておこう。

政治学者で人類学者のジェームズ・スコットは、『実践　日々のアナキズム』という本のなかで、市井の人びとの日常的な行動にアナキズムをみている。それは、国家に代表される上からの権力に対して、真正面から抵抗するものではない。そうではなく、権力による管理や支配に対してささやかな不服従を示す、ときに意識的で、ときに無意識的な行動だ。そこには首尾一貫した思想はない。決まって匿名だし、自らを主張することはないとスコットは言う。

たとえばアメリカのセントルイスでは、それまであったスラム街を取り壊して、プルーイット・アイゴーという高層公共住宅街が一九五六年に建設された。しかし一九七二年に爆破解体されてしまう。住民たちが次々に退去していき、誰も住まなくなってしまったからだ。

規格化されたプルーイット・アイゴーは、プランナーたちにとって、建設も、維持も、管理もしやすいものだった。しかし予算の関係などで、コミュニティスペースがカットされたり、エレベーターも各階には停まらないスキップ・ストップ方式が採用されたりと、住民の住み心地を無視してもいた。だから住民たちは次々と退去していった。「住み心地が悪い」という、とても感覚的だが生活に根ざした具体的な感覚が、退去というささやかな行動となって、プランナーたちの期待や計画を水泡に帰してしまった。

明確な抵抗の意図が住民たちにあったわけではない。ただ、彼らの生活に根ざした感覚と行動が、彼らを管理したり監視したりする権力を、結果的に無力化させることになった。そこにスコットはアナキズムをみる。それこそが人びとに自由と自律をもたらすのだ、と。

わたしたちが新宿の路上で出会ったトーキョーサバイバーたちも、なにか大きな力に抵抗しようなどと思って日々生きているわけではない。ただ、戦略によって作られた都市を、そして概念に溢れた都市を、戦術を駆使し、記号として読み替えながら生きる彼らの姿は、それ自体がある種の抵抗力をもつ。だから彼らを「都市のアナーキスト」と呼んでもあながち的外れではないように思う。

　少なくとも彼らを「都市のアナーキスト」と呼んでみると、彼らを「無力な弱者」とみるわたしたちの視点はガラリと変わる。無力とは無抵抗を意味するが、これまでみてきたように、彼らはけっして無力ではない。抗うことのできない現実はあるにせよ、それでもどうにか活路を見いだし、路上を生きられる場所へと変えてきた。そうした彼らのものの やり方は、図らずも権力を受けながし、ずらし、はぐらかすことになる。だから彼らの存在は、それ自体が抵抗だ。

　ちなみに、個人的には「アナキズム」よりも「アナーキスト」という言葉のほうが、より適切だと思っている。彼らには、「こうあるべき」といった、確固たる理念や理想としての「イズム」（＝主義）があるわけではないからだ。こう言うと、いかにもおよび腰で、気概に欠けた印象を受けるかもしれない。しかしイズムがないことにこそ、希望があるように思う。これといった明確な主義主張をもたずとも、わたしたちの生を上から縛りつけるような権力から距離をおき、ときに権力を利用しながら、どうにかやっていくことの余地と可能性がそこにはあるからだ。

　なお、自覚していないかもしれないが、わたしたちにだって、アナーキストとしての一面がある。購入する気などないのに購入を検討しているかのような顔をして家電量販店に展示されているマッサージチェアでつかの間の癒しを得たり、ギャンブルなど興味はないのに綺麗だからとパチンコ店のトイレを利用したり、生ゴミを処理するためにスーパーで無料提供されている透明なポリ袋を多めに持ち帰ったり、「化粧品を試したい」と言ってデパートの化粧品売り場で流行りのメイクをしてもらって休日を過ごしたり、パソコンを開いて仕事をしているように見せかけて実はネットショッピングをしていたり。

ささやかで、稚拙で、狡猾な例かもしれない。ただ、意志と権力の主体が考える「こうあるべき」とされる状況を、戦術を駆使したり、ブリコラージュすることで、自分なりの生を可能にすること。そこにわたしたち人間が生きていくうえで欠かせない自由と自律が生まれる。その意味では、生活の場が路上であってもなくても、生きることについてわたしたちと彼らとのあいだで大きな違いはない。わたしたちはみな「アナーキスト」だ。

なんとかなる、なんとかする

これまで、「ホームレス」と呼ばれる人たち、そのなかでも特定の生活拠点をもたずに移動型のライフスタイルを送る人たち、とくにわたしたちが「トーキョーサバイバー」と呼ぶ人たちが、どのように都市を生き抜いてきたのかについてみてきた。彼らは歩くことで資源をみつけ、戦略と概念が隅々にまで行き渡る都市にスキマをみつけ、ときに自分たちの手でスキマを作りだすことで、都市を飼い慣らす。そうやって、路上を生きられる場所へと変えていく。そんな彼らの姿は、「無力な弱者」というわたしたちの理解から大きくはみ出る。生き残る、生き延びる、生き永らえる。どの表現も、彼らの生のあり方をあまりにも過小評価しているように思える。

だからだろうか。彼らと話をしていると、言葉の端々に、自分はこの過酷な現実を生き抜いてきたのだという矜持を感じるときがある。どこか内気な言葉遣いとは裏腹に、奥底に秘めた矜持を感じることがある。そしてそれをもっともシンプルに言い表しているように思えるのが、「なんとかなる」という言葉だ。

なんともおぼろげで、怪しげなで、感覚的な台詞。しかし、それぞれにまったく違った人生を歩んできた人たちが、異口同音にこの言葉を口にする。現に、彼らはけっして少なくない月日を路上で過ごしてきた。その事実を受け止めるとき、その軽快な口調とは裏腹に、実はとても示唆的で、意味深長で、深遠な響きをもった言葉のように思えてくる。

もちろん、彼らははじめから路上を生き抜く知恵と技法をもっていたわけではない。誰も、いつか路上で生活をすることを予期して人生を歩んでなどいない。彼らの多くは、いくつもの不運が重なって路上にいたった人たちだ。実際、これからどう生きていけばいいのか途方に暮れたという話を耳にしたことは数えきれない。「死ぬかも」(一一七頁)。そうイクちゃんが考えたように、誰もが死を覚悟するほど切迫した状況に追いこまれる。だから誰もが路上の厳しさを口にする。うだるような暑さに気が滅入ることも、凍えるような寒さに死を覚悟することもある、と。眠れぬ夜を過ごしながら、希望のない朝を何度も迎えてきた、と。

しかしそれでも生きていかなければならない。なにもしていなくてもお腹は減るし、睡魔に襲われる。身体はとても正直だ。だからどうにかお腹を満たし、眠りにつく。なにをどう食べれば腹持ちがいいのか、どこで寝れば襲撃に遭わずに済むのか。試行錯誤を繰り返し、数えきれない失敗に学びながら、路上で生きるうえで必要なことわりやもののやり方を身につけていく。そして生活をより豊かにする方法を見つけだしていく。そうやって、彼らはけっして少なくない月日を路上で生きてきた。

ただ、なかには空腹に耐えきれずに「ゴミ」に手を出してしまう人もいる。誰かが捨てた古本や衣類といったものとは違い、同じく捨てられたものでも、それが食べ物であるときの抵抗感はひと味もふた味も違う。だからイクちゃんは言い放つ。「あいつらは、生きるために手段を選ばない。なんでもできる」（一一六頁）、と。

しかしイクちゃんにとってゴミを漁ることは恥ずべき行為であるものの、彼はゴミを漁る人たちに侮蔑的なまなざしだけを向けているわけではない。そこまでして生きようとするその執念に、自分にはとうてい真似することができないからこそ、畏敬の念を抱いてもいる。だからイクちゃんは彼らを「メジャーリーガー」と呼ぶ。そしてそこから反転し、「草野球」とは路上生活の過酷さから逃れたことを指す。イクちゃんいわく、草野球とは「お金を払って安心感のある快適な空間で生活する」（一一九頁）ことだ。

「お金があるに越したことはない」（一三六頁）とニシさんも言うように、持ってさえいればお金はとても便利なものだ。いろいろなものがお金を媒介に「商品」としてやりとりされる市場経済では、支払い能力さえあれば、基本的には誰もが商品を手に入れることができる。しかしそれは都市を生き抜くうえで培ってきた経験と知識と勘を放棄することでもある。路上で発揮されるブリコラージュ、そして路上で身につけた戦術を封印する、ということでもある。

たとえば寝ることひとつとっても、どの場所であれば、どの時間帯であれば、そしてどのようにすれば眠りにつくことができるかは、それまで培ってきた経験と知識と勘がものを言う。つまり「なんとかなる」とは、「どこでも寝ることができる」ということではない。真夏に適した場所や真冬に適した場所、雨風が強い日に適した場所など、その時どきで移り変わる状況を総合的に判断しながら彼らは都市に住まう。「なんとかなる」とは、そうした可変的な状況を生き抜くことで身につけてきた経験と知識と勘の表明だ。

もちろんそうした矜持は、そう簡単に保てるものではない。過酷な環境にその身を晒しつづけてきたからこそのナイーブさがある。たとえばイクちゃんは「ネカフェに一度泊まると、路上に戻れなくなりそうで怖かった」（一一一頁）と口にする。それまで培ってきた感覚が鈍るのではないか、と。お金はたしかに便利なものだが、その便利さに頼りすぎることは危険だ。それは路上を生き抜いてきたこれまでの自分を否定することに等しい。

イクちゃん自身がそこまではっきりと考えていたかはわからない。ただ、「お金を払って安心感のある快適な空間で生活すること」が彼にとって「草野球」であるのは、お金を支払うことで誰かが提供する便利さや安心に頼ることに、自分自身へのある種の裏切りを感じとるからだろう。だから「草野球に堕ちた人たち」に親しみを込めた侮蔑（つまりはイジリ）はあっても、そこに尊敬はない。イクちゃんが彼らに見るのは、路上生活を可能にしてきた経験と知識と勘を自ら放棄した姿だ。とはいえイクちゃんは彼らを否定はしているわけではない。彼もまた、路上の厳しさを十分に知っている。

ところで、路上を生き抜いてきたことをどこか自信ありげに話す彼らの姿をみていると、わたしたちは彼らのように「なんとかなる」と口にすることはできるだろうか、とつい考えてしまう。わたしたちのほうが圧倒的に恵まれているはずなのに、「なんとかなる」とわたしたちが言えないのだとしたらそれはなぜなのか、と。

オーストリアの思想家であるイバン・イリイチは、『生きる思想』という本のなかで、社会の産業化が進むにつれて、わたしたちは無能力化させられてきたと指摘する。それぞれの分野の専門家たちが設計したシステムに依存することでしか、わたしたちの生活がもはや成り立たなくなっているからだ。「どこか満たされない」。そんな行き場のない無力感は、システムによる無能力化の結果である、と。

事実、学ぶことや健康でいることは、教師や医師といった存在がないと、また学校や病院といったシステムがないと成り立たなくなっている。働くことも、資本家や雇用主といった存在がないと、また会社というシステムがないと成立しない。わたしたちの手のなかにあったはずの生きる力が、権力（専門知識や資本）をもつ一部の人たちと、彼らが作りあげたシステムの使用と消費に取って代わられている。動詞から名詞へ。学ぶことが学歴の取得へ、健やかでいることが通院へ、働くことが仕事へと置き換わっているのだとイリイチは言う。そしてそれが「現代的な意味での貧困」（『生きる思想』五五頁）である、と。

だからだろう。「これから南海トラフなんかきてみな、わしらみたいなこういう人が生き残るんだよ」（九〇頁）というみっちゃんの一言は強烈だ。彼の言葉は、生活に必要なものを自分たちの力でまかなえず、システムに依存せざるをえなくなったわたしたちの無能力さを容赦なくえぐる。

たしかにお金を支払う代わりに誰かが提供する物やサービスを商品として手に入れることは、とても手っ取り早い方法だ。効率もいい。しかしそれによって、わたしたちはなにが自分にとって必要なのかを考えることも、また必要なものを自分でまかなうこともできなくなっている。

「お金があればよい」と考える人もいるかもしれない。しかし問題はそこではない。お金があるかないかではなく、専門家たちが作り出したシステムに頼ることでしか生活が成り立たなくなっている現状こそが、イリイチのいう「貧困」だ。

たとえばわたしたちが生活の拠点とする「家」は、そんなシステムが作り出した空間であると同時に、わたしたちの無能力化をとてもよく表す空間でもある。蛇口をひねれば水が出て、つまみをひねれば火がつき、スイッチを押せば明かりがつく。しかしそうしたインフラがなにかをきっかけに失われれば、わたしたちはすぐにどうすればいいのかわからなくなってしまう。そして電話を手に取り、然るべき場所に電話をかける。そうやって、専門家にまた頼る。

しかしトーキョーサバイバーたちは、「なんとかなる」と口にする。そこには軽快なフットワークとこれまで培ってきた経験と知識と勘を武器に、都市を飼い慣らし、そして路上を生きる場へと変えることで、東京という巨大都市を生き抜いてきたという自負がある。生の無能力化に抗ってきたことへの矜持、と言ってもいいかもしれない。それこそが彼らの生を支えている。そしてそのことに、わたしたちは自分たちの無能力を痛感する。

その日その日を生きること

刹那的だ。彼らと話しながら、そんな印象を受けることが何度もあった。現にダンサーでもあるニシさんは、「だらだらする」「まどろむ」など、どれもわたしたちからすれば「無駄」とさえ思えるような時間の過ごし方を享受し、気の向くままに踊ることを優先して、「いま」を生きることに心血を注ぐ。「なにかをすることをしない」。そう、わたしの前で言い切ったこともある。

ニシさんだけではない。「いまは不幸ではない」と口にするイクちゃんは、手持ちのスマホに無料Wi-Fiを接続して好きなアイドルのライブやアニメに興じる。そして膨大な競馬情報を書きこんだノートを持ち歩くキンジョウさんは、「下半身が強くなった」（一四三頁）と笑いながら、競馬関連の新聞や雑誌の隅々に目を通して時間を過ごす。そんな思い思いの時間の過ごし方を楽しむ彼らの姿は、まるで路上で生きることに人生の終焉を見てしまうわたしたちの「アタリマエ」を軽々と覆すかのようだ。

わたしたちは「少しでもいいから働いてお金を貯めないと」などと考えてしまう。それだけ、生活に不安を抱いているということだろうか。しかし彼らと話をしていると、焦燥や悲哀を感じることがほとんどない。そして誰も、将来のことについては語らない。将来を諦めているからでも、将来に絶望しているからでもない。まだ見ぬ遠い先に思いを馳せるのではなく、明日を生きる自信と確信を根拠に、「いま」を生きているからだ。だからニシさんはだらだらし、まどろむ。その姿は、「たまには休憩も必要だから」（一三七頁）などと、休むことに言い訳を必要とする藤賀とは対照的だ。おそらく、わたしたちとも。

明日を生きる自信と確信。それを象徴するのが、ニシさんが常日頃から持ち歩く、「最先端ホームレスセット」だろう。これがなくともニシさんならどうにかしてしまうのだろうが、これさえあれば一週間以上は気を揉むことなく路上で生きることができると彼は言う。そしてその中身は、実用的なものばかりかと思いきや、ビールを冷えた状態で飲むためのタンブラーなど、道楽的なものまで詰めこまれている。そこに垣間見えるのは、たとえ路上であっても「いま」をどう楽しむかというニシさんなりの人生哲学だ。

ニシさんだけではない。イクちゃんは雑誌『ビッグイシュー』の販売で、キンジョウさんは職業安定所が提供する軽作業でお金を稼ぎ、明日に備える。もちろん彼らの仕事は安定したものではない。それに、彼らが得る収入は、わたしたちが必要最低限と考える金額にはとうていおよばない。しかし家賃を払う必要がないのだから、手元にあるお金はすべて生活費や娯楽費に回せるし、たとえお金がなくても行政や支援団体が提供する支援を利用すればなんとかなる。空腹は満たせるし、シャワーを浴びることもできる。そして衣類や寝具も手に入る。だから悲観することはない。イクちゃんが言うように「東京は金がなくても生きていける」(一一五頁)し、ニシさんがわたしに話したように、「お金がなくても生きるし、生きれる」。「その日暮らし」(Living for Today)。自信ありげな笑みを浮かべる彼らを前に、そんな言葉がふと頭をよぎる。

人類学者の小川さやかは、『「その日暮らし」の人類学』という本のなかで、「マチンガ」と呼ばれるタンザニアの零細商人たちの生活世界をつぶさに観察し、わたしたちにとっては不安を掻き立てるようなその日暮らしの生活がもつ可能性とその豊かさについて論じている。

彼らは「仕事は仕事」と言って仕事だけに固執しない生き方に価値を見いだし、収入源を一本化せずにいろいろな仕事や商売に手を出すことでリスクマネージメントをする。また、その軽快な身のこなしを武器に、いろいろな業種で経験を積み、その場その場で出会う人たちと関係を築きながら、チャンスが舞いこめばおいそれとそれに飛びつく。そんな彼らの生き方は、なにか特別な目的を達成しようと身構えるものでもなければ、あらかじめ計画されたものでもない。行き当たりばったり。そんな表現が相応しい。とはいえそれがなんとも清々しく、魅力的なことこのうえない。とても、ゾクゾクする。

しかしわたしたちの社会は、どうやらその日暮らしを許してはくれないようだ。子供の頃から将来の夢はなにかと問われ、なにか大きな目標をもって生きることがよいことであると教えられる。なにを学んだかよりもなにをいくつ覚えたかが評価され、知恵の質よりも知識の量が優先される。そして有名大学に進学して一流企業に就職することが「よりよい人生」を歩むためには必要なのだと教え込まれる。自立について疑問を付した小泉のように、「いい大学に入ればいい会社に就職でき、将来は安泰だ」（一四八頁）と周囲から言われたことがあるという人は少なくないはずだ。

それはおそらく、わたしたちが将来という不確かなものに、希望ではなく不安を抱いているからだろう。だからわたしたちは「いま」を投資する。いまからきちんと準備しておけば将来は安泰だと信じる。しかし将来とは具体的にいつのことであるのかよくわからない。それが老後であるにしても、いつまで生きることができるかなど誰も知りえないし、そもそもわたしたちは老後のために生きているのかとさえ疑問に思う。

しかしそのような疑問を抱いても、わたしたちはすぐにまた不安へと引き戻される。刻一刻と移り変わる不確実な世の中を生きるために、「いつか」に備えるべく「いま」を犠牲にすることを繰り返す。そしてニシさんのような時間の過ごし方を「無駄」だと断じる。なにが無駄でなにが無駄でないかは事後的にしか判断できないものであるにもかかわらず。

だが立ち止まって考えてみれば、「いま」に向けられるニシさんの時間の過ごし方は、「いま」を犠牲にするわたしたちのそれよりもはるかに地に足がついたもののように思える。それもそのはず、現在と未来とでは、わたしたちが認識できる時間感覚に決定的な違いがあるからだ。

言うまでもなく、わたしたちが生の直接的な手触りをもって具体的に感知できるのは「いま」でしかない。過去はそのときの「いま」でしかないし、未来もまたそのときの「いま」でしかない。すでに経験した過去ならまだしも、未だ経験したこともない未来などに思いを馳せることのほうが遥かに無駄なのではないかとさえ思えてくる。であればわたしたちはなぜ、誰も知りえない将来のことなどに不安を覚え、「いま」を犠牲にするのだろうか。

哲学者の古東哲明は、『瞬間を生きる哲学』という本のなかで、フランスの思想家ポール・ヴィリリオの「ドロモロジー」(dromology)と、同じくフランスの哲学者ジョルジュ・バタイユの「前望構造」(project)を手がかりに、わたしたちは強制的に「いま」を生きることから遠ざけられていると指摘する。

ドロモロジー(速度術)とは、周囲よりも抜きん出ることが幸せを享受することになるのだとわたしたちを駆り立てる仕組みのことだ。前へ前へ、先へ先へ。誰よりも前に、誰よりも先に行かなければ富や幸福を得られないのだとわたしたちを焚き付ける強制力に、個人だけでなく企業も、そして国家も突き動かされているのだとヴィリリオは指摘する。

一方の前望構造とは、投資や投機のように、「いま」を我慢すれば未来により多くの利得やより大きな成果が得られるのだとして、「いま」を先送りする経済構造のことだ。手元にあるお金を「いま」のために使うのではなく、「いつか」のために預けること。バタイユは、わたしたちに「いま」を享受させせない経済システムの正体を、「前に（pro）投げる（jact）」という意味で、「前望構造」と表現した。

こうした仕組みやシステムによって、わたしたちは強制的に、未来や将来へと前のめりにさせられている。そう、古東は指摘する。そして次のように言う。「だがそれは、生を生として経験しないこと、つまりは人生を刻一刻に喪って生きることに等しい。つまりは、生きながらに死んでいるのである」（『瞬間を生きる哲学』三八頁）、と。

生きながらに死んでいる。この突然の死亡宣告に、戸惑いを覚えないだろうか。であればわたしたちに必要なのは、誰も知りえない不確かな未来などに思いを馳せることではなく、まさに「いま」なにをしたいのかを考えることだ。しかしいったいどうしたらいいのか。古東は未来志向に抗う「瞬間（いまここ）を生きる技法」（同：四三頁）こそ必要だと訴えるが、具体的にどうすればいいのだろうか。

難しい問題だが、少なくともニシさんにとっては、お金を浪費することが、「いま」を生きるために必要なことだった。だからニシさんは、一〇万円のウォークマンを手に入れた（一二五頁）。もちろん、音楽を高音質で聴きたかったわけではない。「お金を減らす」という、わたしたちには不可解に思える動機からだった。

この行為がわたしたちにとってとても奇妙に思えるのは、津田がそうだったように、「お金はあればあるほどいい」（二二八－二二九頁）という考えが、わたしたちにとって「アタリマエ」だからだろう。たしかにお金はとても便利だ。手元にあれば、欲しいものをいつでも手に入れることができる。だからお金があることに越したことはないように思える。実際、お金のある生活が幸せであり、お金のない生活は不幸せであると、わたしたちは信じてやまない。だから所持金の増減に一喜一憂する。だからもっと稼ごうと働いたり、節約しようと節制したりする。

しかしニシさんにとって、お金を持ちすぎることは安心ではなく不安だった。お金を持ちすぎることで生まれる甘えが、「いま」を生きることの緊張感を失わせるのだ、と。だからあえてお金を減らそうとした。そのために一〇万円という大金を注ぎこむのはなんとも型破りなやり方のようにも思えるが、安心感と緊張感のなかに自らその身を投げこむことで、ニシさんは「いま」を生きる実感を取り戻そうとした。

お金があることに安心するわたしたちからすると、不安定な生活を送っているニシさんにこそお金が必要なのではないかと思ってしまうが、そうではない。ニシさんにとって生きることとは、ヒリヒリとした緊張感からみなぎる活力にこそある。逆に、必要以上にお金を持つことは、生きる感覚を鈍らせる。「どうなってしまうのだろう」という緊張感があるからこそ、「いま」を生きる実感を手にすることができる。そう、ニシさんは話す。

ただ、これはなにも強烈な個性をもつニシさんだから、というわけではないようだ。「路上に出たのはでかいかな。変な人と出会ったっていうのが。路上で見たから。変な人に出会ったのが八割で、路上でなんとかなるっていうのが二割」（一二九頁）と言っていたように、こうしたお金との付きあい方は、路上で学んだものだという。

路上にはいろいろな人がいる。ニシさんの言う、高価な物を購入したがすぐにお金に困って手放すことを繰り返す人や、ギャンブルに不向きなのにお金を注ぎこんでしまう人など。なかには浪費を繰り返し、結局は自分を窮地に追いやってしまう人もいるが、「それでもみんななんとか生きている」（一二九頁）ことを、ニシさんはこれまで目にしてきた。「いま」を生きる彼らを前に、お金との距離感を学んだのだという。だからお金を浪費する。どうせ「なんとかなる」からだ。

ところで、計画性もなく、手元にあるお金を浪費する彼らの姿に、わたしたちはなにかしらの病理をみてしまうが、見方を変えれば、そこにはある種の豊かさがある。そのことを、人類学者のマーシャル・サーリンズの主張から少し見ておこう。

『石器時代の経済学』という本のなかでサーリンズは、狩猟採集民を「原始豊潤社会」（original affluent society）と呼んだ。見た目には質素でわずかな家財道具しかもたない狩猟採集民は、農耕民や牧畜民のように食料を生産することがないために、いつも飢えに苦しむ悲惨な状況にいると長らく考えられてきた。しかし彼らは貧しいどころか豊かであると、サーリンズは喝破する。

彼らは一日数時間の労働で食料を確保し、残りの時間を余暇として享受していたからである。

狩猟採集民はその日に必要な分の食料さえ手に入れれば、明日のことなどとくに考えずに、残りの時間を昼寝や談笑に費やす。もちろん、もっと長く働けばより多くの食料を手に入れることができる。しかし彼らは必要以上に働かない。彼らが必要とするものをいつも提供してくれる自然に、揺るぎない信頼を寄せているからだ。だから彼らは手にした食料をすぐに浪費する。明日のことなど考えなくても、なんとかなるのだ。

ちなみにサーリンズのいう「豊かさ」(affluence)とは、「物質的欲求の充足」のことである。そしてこれには二つの道があると彼は言う。ひとつは「多く生産すること」、そしてもうひとつは「少なく欲求すること」だ。そして狩猟採集民の豊かさは後者の原理によって支えられているとして、サーリンズはこれを「禅の道」、あるいは「禅の戦略」と呼んだ。

一方のわたしたちは、前者こそが「豊かさ」だと考える。「あれが欲しい」「これが欲しい」と欲求を肥大化させ、欲求を満たすために、もっと多く生産=労働しようとする。そして生産性を高め、効率化を図ることに高い価値を置く。そのためにも、自分自身の能力を高めようとする。だから「いま」を犠牲にすることに躊躇しない。

そんなわたしたちからすれば、たしかに狩猟採集民(あるいはホームレス)は「貧しい」ように見える。だがそれは、「多く生産すること」がわたしたちにとって「アタリマエ」だからだ。

あるいはわたしたちの生が、ヴィリリオのいうドロモロジーに、そしてバタイユのいう前望構造に絡みとられているからだ。しかし見方を変えれば、わたしたちこそ「貧しい」とも言える。「いま」を享受する彼らからすれば、「いま」を犠牲にするわたしたちの生き方のほうがよっぽど「貧しい」ものに見えるだろう。

もちろん、トーキョーサバイバーたちは（そして実は狩猟採集民も）、なにも少なく欲求しているわけではない。「あるものでどうにかする」と考える人もいるが、高望みをしないわけではないし、おいしい話があればおいそれと飛びつき、小さなチャンスをものにしようと虎視眈々と狙っている人もいる。

しかしなによりも重要なのは、これまで培ってきた経験と知識と勘を頼りに、都市を、そして路上を生き抜いてきたという自負だ。そしてそこに明日を生きる自信と確信が加わる。だから彼らは将来についてほとんど語らないし、将来についてそれほど思い煩わない。計画性もないままに、手元にあるお金を浪費したりする。そうやって、「いま」を生きる。そこにはわたしたちが考えるものとは違った「豊かさ」がある。

わかつこと、つながること

「ここには親友はいない。言っちゃわるいけど、誰ひとり信用していない。さっきの奴だって、タバコもらって『明日返す』って言ってたけど、どうせ返さないよ。だからお金も俺はあげる。貸さない。貸すって考えると、頭がおかしくなる」（九五―九六頁）。ヨロズヤさんが藤賀に言い放ったこの言葉の意味を考えている。信用してない、だけどお金をあげる。いったいどういうことか、理解に苦しむ人は少なくないだろう。

支援の現場や研究の場ではよく知られていることだが、路上に生きる人たちは、互いの過去を詮索しないという暗黙のルールを共有している。あまり人に話せるような、また話したいと思えるような過去をもっていないことがその大きな理由だ。それに、あまり他人を信用しないということもよく言われる。詐欺や盗みを働く人もなかにはいるからだ。

しかし、だからといって誰ともまったくかかわらないわけではない。支援や仕事に関する情報交換は路上を生き抜くうえで不可欠なものであるし、普段は独りでいるほうが気楽だと考えていても、不意に孤独感に襲われるときだってある。それに、つながりのあり方も、不在のときは荷物番を気軽に頼めるようなものから、一緒に酒を酌み交わすなどして寂しさをまぎらわせるようなものまでいろいろある。近すぎず、遠すぎず。そんなどっちつかずの関係が、路上にはある。

藤賀が注目したのは、そんなつながりのなかで繰り広げられるもののやりとりの不思議さだった。年金を受給していてある程度は懐に余裕があるとはいえ、ヨロズヤさんはタバコを、さらにはお金までをも人にあげてしまう。オオミヤさんにいたっては、せがまれたわけでもないのに自分から積極的に物を配り歩く。しかし彼らは見返りを求めない。なぜなのか。藤賀はすっかり混乱してしまった。

藤賀も指摘しているように、彼らは慈善活動家ではない。それに、富める者でもない。だから人に物をあげるだけでなく、人から物をもらうこともある。一方向的な施しとは違い、そこには双方向的なやりとりがある。「お互い様」という言葉が相応しいだろうか。だからそこでのやりとりはどこかかしこまったものではない。だからヨロズヤさんは、「おーまえ、一〇本しかないのに二本も持っていくのぉ？」（九八頁）とオオミヤさんをイジりながらも、彼が自分のタバコを抜きとることを許容する。

しかしそれでも、ヨロズヤさんやイトウさんは見返りや返済の期待などせずに人にお金を貸す（実質的には、お金をあげる）。オオミヤさんも、けっして親しいとは言えない人にまで、見返りを求めることなく物を配る。そしてこうしたもののやりとりに、わたしたちは困惑する。なにかを貸したりあげたりすれば見返りがあることを、わたしたちは「アタリマエ」としているからだ。

わたしたちが日常的に行なっているもののやりとりの基本は、なんといっても市場交換（market exchange）だろう。物やサービスを「商品」として売り、誰かがそれを買う。等価交換の原則に基づく、お金を媒介としたコミュニケーションのあり方である。一方、わたしたちの日常には、お金を媒介としないもののやりとりがある。それが、贈与交換（gift exchange）と呼ばれるものだ。物を贈り、返される贈与交換。そこで重視されるのは、つながりを作りだすこと、そしてつながりを保つことにある。

人類学者のマルセル・モースは、『贈与論』という、人類学では古典的名著のひとつとされる本のなかで、物が贈られ、受けとられ、お返しされることで、人と人とのあいだにつながりが生まれるのだと指摘した。物が人びとのあいだを行き来することがつながりを作りだし、それが社会をかたち作っていくのだ、と。ただ、つながりを生みだす力が贈与交換にあるとはいえ、市場交換では起こりえないことが起きる。それが、義理や恩といった負債だ。

市場交換では、お金を支払うことで、物＝商品を提供されたことの負債をその場で（文字通り）精算する。しかし贈与交換では、一方的に物を贈ったり、一方的に物を受けとることは許されない。等価交換が目的なのではなく、つながりの構築と維持が目的だからだ。だから贈り物に対してお返しをしなくてはならない。もしお返しができなければ、贈られた側は、負債を背負いこむことになる。だからずっと、気分が晴れない。しかしだからこそ、贈られた側はお返しをする。そうやって、つながりが維持されていく。

人類学者の小田亮は、『構造人類学のフィールド』という本のなかで、「負い目」(=負債感)に注目しながら、人間社会にみるもののやりとりを贈与交換・分配・再分配・市場交換の四つのタイプに分けている。そして贈与交換が負い目を持続させることに特徴があるのに対して、市場交換は負い目を払拭することに特徴があると指摘する。市場交換は、そうやってつながりをその場限りのものにする。だから市場交換にみるつながりはとても気楽なものとなる。しかしそれ以上のつながりは生まれない。

ただ、お金かお返しかの違いはあれ、市場交換も贈与交換も見返りが必要だ。しかしヨロズヤさんとオオミヤさんは、見返りを求めない。だから藤賀は混乱してしまった。見返りを求めることのないもののやりとりなどありえるのか、と。

見返りを必要としないもののやりとりは、小田の言う「分配」(sharing)にとても近い。分配とは、狩猟採集民と呼ばれる人たちのあいだで広く見られる、「シェアリング」とも呼ばれるもののやりとりのことだ。たとえば獲物を獲ったハンターたちは、獲ったのは自分だなどと自慢することが禁止されたりする。だから獲物の所有先が曖昧になる。だから周囲の人は感謝することがない。お返しをする義務が生まれないので負い目を抱く必要もなく、あげる/もらうといった非対称な関係も生まれない。それが、分配というもののやりとりだ。

ヨロズヤさんやオオミヤさんにみるもののやりとりは、そんな狩猟採集民の分配にとても近いように思える。恩着せがましく自分が物やお金をあげたことをことさらに主張しない。感謝されることはあるだろうが、感謝されることを期待しているわけではないし、なによりも見返りを求めることがない。だからもらう側には、贈与交換で生まれるような負債感がほとんどない。それに、与える側にとっても精神的な負担は少ない。貸すとは、返してもらうことを前提とするからだ。貸した側はまだかまだかと待たなければならない。だからヨロズヤさんは言う。「貸すって考えると、頭がおかしくなる」、と。ストレスフルな状況に耐えられないのだ、と。

とはいえ、狩猟採集民の場合、分配する人たちは互いをよく知る間柄であるのに対して、彼らの場合は必ずしもそうではないようだ。ただ、物やお金をあげるという行為は、人と人とをつなぐことにもなるし、それが自分の存在意義を確かめる手段にもなる。だが、それは見返りを期待するものでも、負い目を抱かせたりするものでもないかたちでの、ゆるやかなつながりを通してだ。互いに許容する範囲で知りあう程度のほうが、面倒なこともなく、気軽に付き合えるということだろうか。

ところで、フランスの哲学者ナタリー・サルトゥー＝ラジュは、『借りの哲学』という本のなかで、わたしたちは生まれた瞬間からいろいろな人から借りを負っていると指摘する。そして借りを肯定的に評価しようと呼びかける。借りを返すことを原動力とすることが、分断された世界につながりを取り戻すことを可能にするからだ。

「借り」（あるいは負債）という言葉は普通、あまりいい意味では使われない。実際、資本主義が発展する以前の社会では、負債を作ることは奴隷になることと同義だった。しかし資本主義がそれを一変させた。市場交換の発達によって、借りはお金を支払うことですぐさま精算できるようになったからだ。そのおかげでわたしたちは自由になった。そして個人の価値が支払い能力の高低で評価され、従来の制度や人間関係から解放された「自律した人間」が誕生した。しかしそれによって共同体や他者とのつながりは弱まり、個人は孤立してしまったと彼女は指摘する。

それに、こうした現代社会のあり方は、お金があることを前提とする。お金を支払うことで借りは精算されるが、お金が支払えなければ返済不能状態に陥ってしまう。かといって、もはや誰かに借りを作ることは難しい状況になってしまった。結果、お金のない人は返済不能状態に陥り、さらなる苦しみに喘ぐことになる。だから彼女は、いまこそ借りを肯定的に評価しようと呼びかける。

思えばわたしたちは生まれてからこのかた、両親をはじめ、友人や知人など、いろいろな人に支えられてきた。「自立」という言葉が叫ばれはじめて久しいが、誰になにも負っていないなどとは幻想であって、実際にはいろいろな人から借りを負っている。だから彼女は言う。借りを負っていることに自覚的であること、そして借りは贈り主に返すのではなく、世代を超えて、時代を超えて、他の誰かに返していくことで、わたしたちはよりよく生きることができるのだ、と。

そんな彼女の主張を素直に受け止めるとき、「俺はいろんなところから飯をもらってくる。食えない人もいるから、そういう人たちにあげてる。全員が全員、飯をもらえる場所を知ってるわけじゃない」（九七頁）と言うオオミヤさんは、まさに彼女のいう「借りの哲学」を実践しているように思える。誰かに世話になったという恩義を、別の誰かに返す。そうやって路上に助け合いの精神と実践が生まれ、広まっていく。

お金がなくとも、いや、お金がないからこそ、市場交換や贈与交換とはまた違った論理で物をやりとりすることが、つながりを作りだす。ただしそれは必ずしも相手のことをよく知っていることを条件とはしない。知らなくてもいいことはそのままに、その場その時に出会った人たちとのもののやりとりを通して、つながりすぎずにつながることが、路上にみるつながり方である。

ところで、「ホームレス」（homeless）とは本来、「家がない状態」を意味する形容詞だが、ここでいう「ホーム」は、家族や友人といった私的なものから学校や会社といった公的なものまでを含むつながりを指す。それは「わたしがわたしであること」というアイデンティティの受け皿となるような、人間関係に根差した心の居場所のことだ。だから「ホームレス」とは、物質的で経済的なものに根差した「ハウス」が欠如した状態（ハウスレス）ではなく、非物質的で社会的なものに根差す人間関係が欠如した状態、ということになる。ハウスとホームの両方がレスした存在。それが現代社会の貧困のひとつのかたちである「ホームレス」なのだと、社会評論家の生田武志たちは指摘する（『子どもに「ホームレス」をどう伝えるか？』三八頁）。

たしかに人がホームレスになる要因のひとつに「社会関係からの排除」がある。頼れる家族や親族、友人といった人たちとの関係を失うことが、路上生活へといたるひとつの要因だと言われる。そのことに異論はない。しかし年金を受給しているヨロズヤさんは、家（ハウス）があるにもかかわらず、そこにはつながり（ホーム）がないという。だから路上で生活しているのだ、と。

須賀が出会った生活保護を受給しているみっちゃんも、アパート（ハウス）があるが、「あんなの意味ねえ」（九〇頁）と吐き捨て、アパートではなく路上で寝泊まりしていた。優先順位をつけることは難しいが、少なくとも彼らにとって必要なのは、ハウスよりもホームであり、そのホームは路上にある、ということなのだろう。実際、生活保護などを受給して「社会復帰」した元ホームレスが、路上に戻って再びホームレスになることは珍しくない。理由はいくつかあるが、その一つがアパートに入居することがかえって孤独を招いてしまうという逆説だ。

たしかにアパート暮らしは路上暮らしよりも比べ物にならないほど快適だ。プライベートな空間が確保され、身の安全も保証される。しかしそこに安心があるかというと、そうとは限らない。なにに安心を覚えるかは人によって違うように、路上で生きてきた人たちのなかには路上で育んできたつながりにこそ安心があるという人たちもいる。しかしアパートに入居すると、そうしたつながりが絶たれてしまう。ハウスとホームは必ずしも両立しない。

だからか、彼らを「ホーム」がレスしているとは言い切れないように思える。わたしたちが考えるものとは違うつながりだって当然あるし、またそうしたつながりを作りだす機会は路上にだってある。クボタさんに声をかけてつながりについて考えた辻本がそうだったように、ホームレスにつながりはないと考える人は少なくないだろうが（一五〇頁）、つながりについて考えるとき、わたしたちはその意味する範囲を過度に矮小化していないだろうか。

路上に生きる人たちのなかには、たしかに「家族や親戚とはもう何年も連絡をとっていない」という人が多い。しかし家族や親族とのつながりは、はたしてなくてはならないものだろうかと、彼らの話を聞きながらふと思う。家族であっても仲が悪いことだってありえるし、喧嘩別れすることもあるだろう。実際、一度は生活保護を受けたイクちゃんが路上に戻ったのは、市の生活課からの連絡を受けて、親が北海道から訪ねてきたからだった（一〇八頁）。イクちゃんと親とのあいだになにがあったかはわからない。だが、イクちゃんにとっては親とかかわらないでいることが、アパート暮らしを続けることよりも重要なことだった。

ホームをはじめから「ある」だけのものとしてではなく、作りだしていくものでもあると考えるなら、路上にだってつながりは生まれる。むしろ、外部に開かれているからこそ、路上ではいろいろなつながりが生まれる可能性があるし、現にそうしたつながりが生まれている。その事実を、わたしたちはしっかりと受け止めなければならないように思う。それに、つながりを所与のものとして考えるわたしたちの「アタリマエ」を問いなおさなければならないように思う。

事実、路上にいるヨロズヤさんのもとには、同じホームレス仲間だけでなく、彼の詩のファンだという女性や、かつての仕事仲間などが談笑しに訪れていた。クボタさんにいたっては、その場限りであるものの、生活に必要なものをくれる人たちや、定期的にパンを差し入れしてくれる外国人女性のような人が彼のもとを訪れる。そんな人たちに、クボタさんは直接感謝を伝え、ひとつひとつの出会いを大切にする。そうした路上でのつながりが、クボタさんを生かしている。

もちろん家族円満であるに越したことはないだろう。家族に限らず、友人や知人、または上司や同僚、部下など、日常生活でかかわる人たちとも良好な関係を築いていることに越したことはない。しかしだからといって無理に円満である必要も、無理に良好である必要もないのではないかと考えるのはわたしだけだろうか。

路上であってもなくても、わたしたちが生きてくためにはホームが必要だ。しかしそれは必ずしもわたしたちが考えるようなものだけを意味しない。路上だからこそつながりが生まれることはあるし、そこに安心の基盤が、そしてそこに生きる意味があるのなら、そこにはホームがある。人はいかようにもつながりうる。

別のかたちで「ある」こと

家がない、仕事がない、つながりがない。わたしたちは路上に生きる人たちにいろいろな「ない」をみる。だからわたしたちは彼らを「ホームレス」と呼ぶ。そんな彼らに対する反応は、同情から嫌悪までいろいろあるが、いずれにしてもわたしたちは、路上で生きることに人生の終焉をみるようだ。

もちろん路上はユートピアではない。夏は暑いし、冬は寒い。雨と風も、容赦がない。冷ややかな視線を向けてくる人も、嫌がらせをしてくる人もいる。しかしだからこそ、どうするかを考える。試行錯誤を繰り返し、何度も失敗を重ねては、学び、工夫を凝らす。そうやって生きる活路を見いだしていく。佐藤がいうように、『路上で生きているのだからそうするほかない』と決めつけられるほど、生きるための選択肢は狭く」（一一六頁）はない。

たしかに彼らはわたしたちが考えるような家には住んでいない。季節や天候に左右されやすいし、いつ襲われるかも、いつ追い出されるかもわからない。しかしだからといって彼らはただ路上にただ立ちすくんでいるわけではない。歩くことで新宿という街を隅々まで知り尽くしているからこそ、彼らの頭のなかには次の寝場所候補地がストックされている。だからいざというときは、自分から動き、何事もなかったかのように、やり過ごす。

たしかに彼らの仕事も、わたしたちが考えるようなものではない。きちんとした所属先のあるものではないし、雇用形態も不安定だ。安定した収入は見込めないし、保障などなにもない。しかし家賃を払う必要もないのだから、少額であっても手元にあるお金はすべて生活費や娯楽費に回せる。お金が足りず食事がとれなくても、毎日のようにどこかで行われている炊き出しに顔を出せば空腹を満たすことは可能だ。

たしかにわたしたちが考えるようなつながりも、彼らには希薄だ。実際、「家族や親族とは連絡をとっていない」という人は多い。しかしいろいろな人が行き交う路上は新しいつながりが生まれる可能性に拓かれてもいるし、現にそうしたつながりが生まれている。それも、一時的なものから持続的なものまで、いろいろなかたちがある。路上であってもつながることは可能だし、路上だからこそつながりすぎずにつながることも可能だ。

家がない、仕事がない、つながりがない。そうした理解は間違ってはいない。しかしそれはあくまで一面的なものだし、それだけが真実というわけではない。誤解を恐れずに言えば、わたしたちにとって「ある」とされるものが彼らには「ない」のはたしかであるものの、わたしたちが考えるものとは違ったかたちのものがそこには「ある」。

もちろん、だからといって彼らは十分に幸せであるとか、彼らに支援など必要ないということではまったくない。路上で生きることはけっして楽なことではない。怪我をすることもあるし、病気を患うこともある。とくに冬場は身体の芯から凍えるほどに寒い。外気に晒されない場所に寝ていたとしても、なかなか身体は休まらない。貯めたお金でネットカフェを利用したり、支援団体や行政が提供する支援を一時的に受けることもあるが、それだけで万事うまくいくわけでもない。だから彼らが路上で命をつないでいくための支援はこれからも必要だ。西村の言う「やさしさのストック」（一一〇頁）が、わたしたちに、そしてこの社会に、もっとあればと思う。
ただ、それでも彼らに「ない」をみることにはどこか釈然としない気持ちが残る。「ない」にばかり目を向けることで、わたしたち人間が生きる多様な現実とその豊かさが見えなくなってしまうように思えるからだ。そしてそのことが、わたしたちのホームという生のあり方を無反省のままに放置し、わたしたち自身が現状から抜けでていくための可能性を狭めているように思える。

事実、路上に生きる人たちの声に耳を澄ませば澄ますほど、そして彼らの生のあり方に目を向ければ向けるほど、わたしたちは図らずも自分たちの「アタリマエ」を問わなければならなくなる。住まうとはどういうことなのか。働くとはどういうことなのか。つながるとはどういうことなのか。そして、生きるとはどういうことなのか。イリイチの言う、動詞から名詞へと置き換わったわたしたちの生を、再び動詞に立ち返って考えなおしてみることを余儀なくされる。

しかしそうした問いに向きあうことこそが、イリイチの言う「現代的な意味での貧困」を解消していくことになる。それが、わたしたちの生の可能性を拓いていく。だから考えよう。なぜわたしたちは彼らに「ない」をみるのかを。わたしたちが考える「ある」とはいったいなんなのかを。そして、わたしたちはなぜそれに固執するのかを。

わたしたちはこれまで、路上には「ない」とわたしたちが考えるものが、別のかたちで「ある」ことを見てきた。しかしそれでもまだ、どこか腑に落ちないという人は少なくないように思える。それはおそらく、わたしたちが考える「ある」が、とても限定されたものだからだ。

家は家でも住所がある家、仕事は仕事でも会社といった所属先がある仕事、つながりはつながりでも家族や友人といった人たちとのつながり。そうしたものが、わたしたちの「ある」を定義している。そしてそこに価値がつけ加えられる。家は家でも家族団欒がある家、仕事は仕事でも人に誇れる仕事、つながりはつながりでも安定的で恒常的なつながり。そうしたものが、わたしたちにとっての「アタリマエ」を、つまり「ホーム」を定義している。

だからわたしたちはホームであるために生きてきた。勉強し、大学に入り、就職して、自立する。そして結婚し、子供をもうけ、公私にわたって充実した人生をまっとうする。それが「幸せ」のかたちなのだと考える。それがホーム的生の理想なのだと考える。

だからわたしたちは路上に生きる人たちに「ない」をみる。彼らには家も仕事もつながりもないのだと。そして彼らを「怠け者」や「落伍者」と貶める。誰もがホームとして、あるいはホームであろうと生きるなか、彼らは努力を怠ったから路上にいるのだと考える。それも、わたしたちが「ある」ことに、つまりはホームであることに、とても高い価値を置いているからだ。

だが、わたしたちが「ある」と考えるホームは、いまの時代、もはや幻想になりつつある。いや、もうすでに幻想なのかもしれない。家があっても誰にも看取られることなく孤独のなかで亡くなる人はいるし、仕事があってもリストラされる人や、過労で自ら命を絶ってしまう人もいる。家族というつながりがあっても暴力や虐待といった問題を抱えている人も少なくない。家があること、仕事があること、つながりがあること。どれも生きていくうえでとても大切なものだが、わたしたちが理想とするかたちのホーム的生は、言うほど簡単なものではない。

とくに所得格差に消費格差、教育格差に学力格差、地域格差に情報格差、男女格差に恋愛格差、雇用格差に世代間格差、医療格差に健康格差など、挙げればきりがないほどにいろいろな格差が問題となっているいまの時代、思い描いた通りの人生を歩むことができる人など皆無に等しい。個人の力でどうこうできる状況ではすでにないからだ。

しかしそれでもわたしたちはホームであるために努力する。「努力は必ず報われる」という、どこからともなく聞こえてくる声に背中を押され、有名大学に進学して一流企業に就職することが理想なのだと教えられてきたからだ。それが、「幸せ」を手にするための王道なのだ、と。だから藤賀がそうだったように、わたしたちは躊躇することなく「いま」を投資する（一三二頁）。躊躇するのはむしろ「いま」を犠牲にしていないことに対してだ。

人類学者の上田紀行は、『生きる意味』という本のなかで、こうした日本社会を「他者の欲求を生きる社会」と表現している。自分がどう生きたいかよりも、周りが欲する幸せのかたちに自分を合わせていく社会。こと高度経済成長期では、それが経済的な利益に直結していた。だから誰も疑問に思わなかった。だから考える必要がなかった。周りが欲しがる物を手に入れ、周りが欲しがる人生を歩むことが、その時代の「幸せ」を定義していたからだ。

ただ、「他者の欲求を生きる社会」はバブル経済の崩壊で終わりを告げた。周りに合わせておけばそれなりの生活を送ることができただけでなく、考える必要もないのだからとても気が楽だったが、そんな時代はあっさりと終わった。

しかしそのことがわたしたちに自由をもたらしもした。他者の欲求を生きることが無意味になったからこそ、わたしたちは自分の欲求に正直になれるようになった。外から押しつけられる幸せのかたちから解放され、それぞれの「生きる意味」を自分の頭で考え、自分の手で勝ち取る自由を手に入れることができるようになった。

しかし現実をみてみると、わたしたちはせっかく手にした自由をあまり謳歌できてはいないようだ。周りを見回しても自由気ままに生きている人などほとんどいない。それもそのはず、ずっと他者の欲求を生きてきたために、自分にとってなにが幸せかを考える力が衰えてしまったからだ。そう、上田は指摘する。他者の欲求を生きるとは自分の欲求を必要としないということ、そして自分の欲求を必要としないとは考える必要がないということを意味する。

「いまからでも遅くはない」と考えてもみたくなる。ただ、世界を席巻するグローバリズムとネオリベラリズムが、わたしたちをさらなる不安へ陥れる。グローバリズムの名の下に、それまでとは比較にならないほどの質量と速度でヒト・モノ・カネが国境を越えていくなか、世界の均質化と市場の一元化が進み、あらゆるものが交換可能なもの＝商品とみなされるようになった。そして「小さな政府」「規制緩和」「競争原理」といったキーワードを掲げて自由な経済活動を推し進めるネオリベラリズムの下、いたるところで自由競争と弱肉強食の原理が働きはじめるようになった。その結果、富める者と貧しい者の二極化が進み、経済的な格差だけでなく、社会的な不平等も拡大するようになった。

だからこそ、常日頃から努力するようにと囁かれる。敗者にならないよう、努力を惜しまないようにと駆り立てられる。しかし政府による介入が最小限に留まる市場で自由な経済活動が認められるようになったものの、自由を謳歌する代償はすべて「自己責任」として処理される。もはや個人の努力ではどうにもならないさまざまな格差が問題となっているにもかかわらず、失敗や過ちは努力が足りなかったのだと、すべての責任が個人に負わされる。そんな、とても緊張感のある状況をわたしたちは生きている。時すでに遅し。そう思えてしまう状況に、わたしたちはある。だからだろう。余計に安心と安定を求めようとするのは。だからわたしたちは「ある」に固執する。「ある」ことが、敗者でない証となる。だから一生懸命に勉強し、有名大学に進学し、一流大学に就職することが目指される。津田がそうだったように、子供のころに思い描いた夢を一旦脇におき、どんな仕事に就けば将来困らないかを考えるようになる（一三二頁）。やりたいことよりも、やったほうがいいこと、そしてやらなければならないことに力を注ぐようになる。そうやって、この社会が決めたレールに乗ることが幸せなのだという価値観が、不安を抱えるわたしたちの手によって再生産されていく。そうやって、「他者の欲求を生きる」ことが繰り返される。

とはいえ、有名大学に進学して一流企業に就職すれば幸せになれるかというと、そうとは限らない。有名大学に入ったからといって将来が保証されているわけではないし、一流企業に入ったからといって将来が安泰なわけではない。それに、望んだ会社に就職することできても、実績や能力、そして勤務態度など、ありとあらゆるものが数値化されて評価されるいまの時代、つねに周囲より秀でていることが求められる。だから理不尽なことを言われても、過剰なノルマを課されても、残業続きで疲れ果てていても、わたしたちは働きつづける。

しかしそのことをわたしたちはあまり疑問に思わない。なぜだろうか。おそらく、「自立」に高い価値が置かれているからだ。実際、雇用形態が不安定であっても、勤労意欲が強く自立心が高い人は称賛を受けるが、そうでない人は「怠け者」「落伍者」という烙印を押されて、疎外される。とくに「聖域なき構造改革」を旗印に公的支出の削減を目的に規制緩和が推し進められた二〇〇〇年代から、「自立」はいまの時代を象徴するキーワードとなった。

小泉も触れていた「ホームレスの自立の支援等に関する特別措置法」(通称:「ホームレス自立支援法」)が制定されたのは、二〇〇二年のことだった。それに先立って、二〇〇〇年には「ホームレス自立支援事業」が始まったが、一貫して重視されてきたのは自立、とくに就労による自立だ。だから働きたくて働ける人は支援の対象になり、働きたくても働けない人は救済の対象になるが、そうではない人は「社会生活を拒否する者」などとされて排除の対象になった。事実、「ホームレス自立支援法」では、公共空間の適正な利用が妨げられていると判断されると、管理者はホームレスを排除することが可能とされている。

ホームレスだけではない。二〇〇二年には「児童扶養手当法」と「母子及び寡婦福祉法」が改正され、ひとり親世帯の自立の促進が目指されることになった。二〇〇六年に施行された「障害者自立支援法」も基本的には変わらない。いろいろな事情で働くことのできない人たちにも、働くこと、そして自立することを求めるのがいまの社会だ。

だから自由に生きることは、とてもリスキーなことのように思えてくる。他者の欲求を生きていればある程度の幸せが保証されていた時代がもはや過去のものとなったとはいえ、自分の欲求に正直でいようとすると、「自分のケツは自分で拭け」と突き放される。だから真面目に勉強し、堅実に働くことが、最良にして最善の方法なのだと思えてくる。だから自分の欲求を自ら押しこめる。萎縮し、遠慮する。そして他者の欲求を生きることを選択する。とはいえ他者の欲求を生きたからといって幸せが保障されるわけではない。それでも、「自立せよ」と急き立てられる。先の見えない不安がわたしたちの生をじわじわと蝕んでいる。

しかし不安を抱えながら生きていくのはとても苦しい。だから少しでも安心していたいと誰もが願う。だからどうにかする。好きなだけ寝てみたり、飲み明かしてみたり、旅行に出かけてみたり。不安を少しでも和らげようと、ささやかな試みを続ける。ただ、どれも現実逃避に過ぎないように思えてしまう。つかの間の快楽を優先したところで、すぐにまた現実に引き戻されることがわかりきっているからだ。

そんなとき、現実に即したかたちで安心を得る手っ取り早い方法がある。それが、誰かを見下すことだ。哲学者の中島義道が言うように、相手に対する否定的な感情と自分に対する肯定的な感情は表裏一体のものとしてある（『差別感情の哲学』）。わたしたちは誰かを貶めることで優越感に浸たり、逆に優越感に浸るために誰かを貶めようとする。他者否定は、自己肯定と分かち難く結びついている。

だからだろう。路上に生きる人たちに「ない」をみるのは。彼らを見下すことが、わたしたちの生を正当化する。自身もホームレスとして生きる小川てつオが言うように、「ホームレスが、悲惨であれば、全ては丸くおさまるのだ」（「ホームレス文化を考える」一三一頁）。

そう考えると、「ホームレス」とは、この社会が生み出した必要悪なのではないかと思えてくる。いや、おそらくそうだろう。彼らが悲惨であればあるほどに、わたしたちは安心することができるのだから、わたしたちは良くも悪くも彼らを必要としている。彼らはわたしたちの社会が生みだした「異人」（stranger）だ。

集団あるところに異人あり。人類学者で民俗学者の小松和彦はそのように言う。「共同体の編成あるいは再編成つまり集団の危機の克服・解消に必要」（「異人論」一八九頁）だからだ。ただ、異人にはいくつかのタイプがある。共同体の外部からやってくる異人もいれば、共同体の内部で生まれる異人もいる。それに、異人の扱いにもいくつかのタイプがある。共同体を危機から救う救世主としての異人もいるが、共同体の不安や苦痛を押し付けられてスケープゴートにされる異人もいる。とくに後者の場合、異人は差別的な扱いを受ける。だが、完全には排除されない。共同体の周縁へと追いやられるも、そこで生かされる。良くも悪くも共同体に必要な存在だからだ。

「ホームならざる者」あるいは「ホームとは似て非なる者」としてのホームレスは、まさにそうした共同体としてのホームがホームであるために、ホームの内部で生み出された異人だ。だからわたしたちは彼らに「ない」をみる。彼らが「ない」とは、わたしたちが「ある」ということ。

それが、ホームを正当化する。それが、ホームとして生きるわたしたちに安心をもたらす。しかし必要悪だからといって、そのことをよしとしてはいけない。「集団が存在する限り、異人は発生し続ける」（同：一九六頁）のは仕方のないことだとしても、それが差別や排除の免罪符にはならない。

だからわたしたちに必要なのは、ホームレスという異人を生みだしてしまうこの社会について、そして彼らを差別し排除することをどこか受けいれてしまうわたしたちの「アタリマエ」について批判的に問いなおすことだ。そのためにも、「これからの異人論」と題した一節のなかにある小松の言葉はとても示唆的に思える。彼は次のように言う。

異人論は……諸集団がそれぞれの異人観を相互に認識し、他者との好ましいコミュニケーションを作り上げていくための過程にすぎない。たとえば、障害者差別、部落差別、アジア人差別、外国人労働者差別、等々の背後には、ここで論じてきた民俗的異人観が横たわっているが、さらにその背後には、集団のコスモロジー＝民俗的異人解読装置が存在しているのである。……それらを相対化し、それが一種の「神話」であることを解き明かし、できる限り、「均衡的相互主観関係としての異人関係」へと変更していくことが、「異人論」の最終目標であるといえるかもしれない（同：一九六−一九七頁）。

わたしたちは異人論を展開してきたわけではない。ただ、その目指す方向性は奇しくも小松が提案するものと同じだ。「民俗的異人解読装置」としてのホームを相対化し、それが神話あるいは幻想であることを解き明かし、わたしたち（ホーム）と彼ら（ホームレス）との関係を、できる限り対等な関係へと変えていくこと。そして対話し、共感し、共鳴し、共有していくこと。その先に、これまでとは違った生のかたちとその可能性を見いだしていくこと。「出会い方を変えて見方を変える」という本書の基本的なスタンスはそのためにある。

だから最後に差別と暴力について考えよう。ホームレスに向けられる差別と暴力ほど、ホームとして生きるわたしたちの現在地を示すものはないように思えるからだ。そこから、わたしたちと彼らのいびつな関係を対等な関係へと戻していくにはどうしたらいいかを考えよう。わたしたちと彼らを分け隔てるものはなにか。どうすればその隔たりを乗り越えていくことができるのか。〈ホーム／ホームレス〉という分断を乗り越えていくための手がかりを探っていこう。そして彼らだけでなく、わたしたち自身をも苦しめる現状を打破し、より自由で、より豊かに生きていくためにはどうすればいいかを考えよう。

共犯者／犠牲者であること

「令和元年」となった二〇一九年の一〇月一二日。「過去最強クラス」とも呼ばれた超大型台風一九号が関東を通過した。総降水量は多いところで一〇〇〇ミリを超え、多くの地点で観測史上一位となる記録的な大雨となった。各地で河川の氾濫や土砂崩れが発生し、死者と行方不明者は一〇〇人近く、全半壊した住宅は四〇〇〇棟を超えた。

台風の接近に備えるため、かつて多くの日雇い労働者が暮らしていた山谷地域を抱える台東区は、地域の小学校と区民館に避難所を開設した。一一七世帯、合わせて二一五人もの住民が避難したというが、そんな折、避難所を訪れた六〇代のホームレス男性が受け入れを断られるという「事件」が起きた。

一連の報道によれば、避難者カードに氏名と住所を記載するよう求めた区の職員に対して「北海道に住所がある」と男性が伝えると、「区民対象です」と言われて追い返されたという。そして避難所をあとにした男性は、ＪＲ上野駅近くにある建物の陰で傘をさして雨風をしのいだ。

山谷地域を中心にホームレス支援をしている一般社団法人あじいるがツイッターに投稿したこ

とで、この「事件」は瞬く間に拡散された。「対応が不十分だった」。数日後、複数の支援団体からの抗議や世論からの批判もあって、災害対策本部長でもあった台東区長はそう謝罪した。

ところで、この「事件」が世間に広く知れ渡ってすぐに、ネット上にはいろいろな書き込みが溢れた。区の対応に怒りの声をあげるものも多くあったが、その一方で、台東区の対応を支持するものやホームレスに対する無慈悲で辛辣なものもあった。たとえば、次のようなものである。

自由を謳歌して自己責任でホームレスになったのに、なに言ってんの

税金を払ってないんだから選別されて当然だろう

納税や勤労の義務を果たしてないのに権利だけ主張するなんて虫が良すぎる

公的機関は納税者のためにあるもの。まずは納税者を守るのが優先

こうした発言が世の中に広まるとき、「差別ではなく区別」という台詞を耳にすることがある。しかしこれらの発言は、はたして区別だろうか。差別とはなにか、あるいは区別とはなにかにつ

いてここで詳しく立ち入ることはしない。ただ、「合理的な根拠もなく一方的に自分よりも劣位にある相手を排除しようとする言動」といった一般的な差別の定義に照らすなら、これらの発言は明らかに差別だ。そしてここには、冷静さを保ちつつも、ホームレスの命など軽視してもいいという差別感情が滲み出ている。

そもそも憲法で規定されている生存権は、納税者の特権などではない。仮にこうした意見を鵜呑みにするなら、働きたくても働けない人や十分な収入がない人など、非課税対象者も避難所への受け入れを拒否されることになってしまう。もちろん、そうした人たちに「働け、そして税金を納めろ」などと無茶を言うほど、発言者たちは極端な考えの持ち主ではないだろう。彼らが冷ややかな目を向けるのは、あくまでホームレスだ。

しかし、ホームレスだからといって、その命を軽んじていいわけではもちろんない。どのような命に価値があってどのような命に価値がないかなどという基準はどこにもないし、命を価値づけて天秤にかける権利など誰にもない。だから命は選別可能で選別して然るべきといった考えには、はっきりと「ＮＯ」を突きつけなければならない。

ただ、正直に言うと、彼らの気持ちがどこかわからなくもない「わたし」がいる。もちろん彼らの認識は間違っている。彼らの発言を擁護する気はまったくない。しかし彼らの発言から透けてみえるやり場のない感情がまったく理解できないかというと、そうでもない。自分は真面目に生きてきた（と思っている）のに、働かずにいる（ように見える）人たちが都合のいいことを言っている（ように聞こえる）ことのもどかしさ、と言ったらよいだろうか。だから「自分は差別とは無関係」とはどこか言い切れない。

もちろん、「差別などしたことはない」と自分では思っている。ほとんどの人もそうだろう。しかし差別というのはえてして自覚のないところで起きる。実際、目に見えるかたちで差別をしていなくても、「ホームレス」という存在に対してネガティブな感情を抱いている人は少なくないはずだ。憐れむか蔑むか。感情の動きはいろいろある。ただ、どちらにしても、ホームレスを自分とは異質な存在として見下していることに変わりはない。わたしたちのなかには、共犯者の顔がある。

そのことをよく示しているのが、若者たちによる襲撃事件だ。事件として報道されていないものも含めれば、相当な数の差別と暴力が、わたしたちの知らないところで起きている。そして若者たちが加害者となる事件には、ホームレスに対する差別と暴力とは無関係とは言い切れない、わたしたちの共犯者性がもっとも目に見えるかたちで現れている。

たとえば小泉の目に留まった、二〇〇九年に東京都江戸川区で起きた襲撃事件では、加害者となった少年たちがホームレスを「こじきは人間のくず」呼ばわりして犯行におよんだ（一四一頁）。彼らの認識が間違いであることは小泉が指摘しているとおりだが、少なくとも少年たちにとって、ホームレスとは「こじき」で、働きもせずに生きている「くず」だった。そしてとても残念なことに、同じような動機による襲撃事件が毎年のように全国各地で起きている。「はじめに」でも書いたように、彼らが口にするのは「ホームレスは社会の役に立たない、生きる価値のない無能な人間だ」といった罵詈雑言だ。

ただ、不思議ではないだろうか。まだ社会に出てもいない若者たちが、なぜそんなにも冷酷な態度を示すのだろうか。酸いも甘いも噛み分けることすらまだできない若者たちが、なぜホームレスを嫌悪し、軽蔑し、暴力を振るうのだろうか。

自身もホームレス支援にかかわる社会評論家の生田武志は、『〈野宿者襲撃〉論』という本のなかで、若者たちによる襲撃事件の背景には、家庭や学校でのプレッシャーとストレス、そしてホームレスに対する社会の偏見と差別があると指摘する。「学校に行け」「勉強しろ」といった親や教師からの圧力が苛立ちとなって、若者たちを襲撃へと駆り立てているのだ、と。そしてホームレスに対する偏見と差別が、ホームレスを格好のはけ口にしているのだ、と。

もちろん、若者たちを諭そうとする大人たちに、自分も暴力に加担しているという自覚はない。むしろとても素直な思いで、社会で「善行」とされる勤勉の大切さを説いているだけだろう。しかし勤勉の先にある進学、そしてその先にある就職に対する期待が高まるほどに、若者たちへの圧力は強まる。それがホームレスに対する暴力へとつながっているのだと、生田は指摘する。であれば勤勉であることに価値を置く大人たち、そしてそれをどこか「アタリマエ」と考えるわたしたちは、襲撃と無関係とは言えない。わたしたちは立派な共犯者だ。

しかしそれでも不思議ではないだろうか。都市部に暮らしていれば、ホームレスを見かけることは日常的にある。しかし彼らと直接やりとりする機会などほとんどないはずなのに、なぜわたしたちは彼らの存在をこれほど疎ましく思うのだろうか。

ホームレスに暴力を振るわれたことがある、といった経験があるのならまだわかる。しかし差別発言をした人たちやホームレスを襲撃する若者たちをはじめ、ほとんどの人にはそんな経験はないだろう。むしろ暴力を振るうのはわたしたちのほうだ。であればなおさらのこと、わたしたちはなぜ、彼らを不快に思い、嫌悪し、軽蔑するのだろうか。

これについても生田が的確に言い表している。少し長いが、ここに引用しよう。

一般の人々の野宿者に対する意識を公式化してみると、こうなるのではないか。自分たち真面目な市民は納税・勤労という国民の義務を苦しくとも果たし、もちろん社会のルールも守り、狭い住居に住み、それで辛うじて生活を維持している。その一方で、公共の土地や家屋を身勝手に私物化し、仕事もせず、税金も払わず、しかも周辺住民に脅威を与えるホームレスがすぐそばにいる、これには我慢できない、と。このように表現してみると、一般住民が野宿者に対して抱く嫌悪は、実は住民自身がひそかに望みながらも抑圧している「願望」ではないかとも感じられるのである。つまり、生活を保つために「重い納税・辛い勤労・狭い住居・人様には迷惑をかけないための自己抑制」を堪え続ける住民は、野宿者に対して、それらの重荷をすべて放り捨てている「自己破壊的な喜悦に耽るホームレス」とでも言うべき幻想を投影しているのではないか。したがって、この人々は自分ができない「喜悦に耽る」ホームレスが自分の身近で生活し、自分と何らかの関わり合いを持つ事をひたすら嫌悪する(『〈野宿者襲撃〉論』三〇頁)。

羨ましい、けど悔しい、だから忌々しい。羨望と嫌悪は表裏一体だ。たとえそれが「幻想」であっても、わたしたちは彼らに自分たちの叶わぬ願望をみる。そしてその願望を叶えているかのように見える彼らの存在が、努力と苦労のすえに手にしたいまの生活を否定しているかのように映る。だからそのことをひた隠しにしようと、彼らを不快に思い、嫌悪し、軽蔑する。そして安心する。自分は間違っていないのだ、と。そしてカタルシスを得る。自分は間違っていなかった、と。そうしてわたしたちは静かな共犯者になる。

だからだろう。「差別はいけない」という道徳的なメッセージを訴えかけることには限界があるのではないか、と思うことがある。それに、「差別をなくすにはまずは知ることが大事」といった言葉にも、どこか限度があるように思えてならない。感情に根ざした差別は、認識の正しさや誤りとはまったく違う次元にあるからだ。だから「正論」を振りかざしたところで、誰かを貶めようとする差別感情がなくなることはない。「わかってはいるけど」という言葉にも集約されるこの問題は、頭だけではどうにもならないから難しい。嫌なものは嫌だし、受け入れられないものは受け入れられない。

だからといって、「差別が起きるのは仕方がない」ということではもちろんない。難しいからといって、ただ手をこまねいているわけにはいかない。難しいからと考えることを止めてしまっては、現状に甘んじるしかなくなってしまう。だから差別はなぜ起きるのかを真剣に考えなければいけない。そしてそれは、一見すると他人事のようにも思える差別という問題が、実はとても自分事であることを理解することでもある。

差別という現象に目を向けるとき、わたしたちはどうしても加害者／被害者という二者を想定してしまいがちだ。そしてたいていは傍観する。「自分は差別していない」と、差別の現場から離れたところに居座る。そして加害者を責め立て、被害者に同情する。しかしインドの宗教対立を研究した人類学者の関根康正は、そうした理解では差別現象の本質を見誤ってしまうと指摘する（『宗教紛争と差別の人類学』）。差別現象の多くは、差別者・共犯者・被差別者の三者関係で成り立っているからだ。

一三億人もの人口を抱えるインドでは、人口の八〇％ほどを占めるヒンドゥー教徒と一五％ほどを占めるイスラム教徒とのあいだで深刻な宗教対立が続いている。とくに目立つのは、ヒンドゥー教徒によるイスラム教徒への暴力だ。たとえばインド西端にあるグジャラート州では、二〇〇二年、暴徒化した大衆ヒンドゥー教徒がモスクを破壊し、一〇〇〇人以上ものイスラム教徒が犠牲になった。

そのきっかけとなったのは、ヒンドゥー教徒が乗った列車で起きた火災にある。この火災により、五八人ものヒンドゥー教徒が犠牲となった。ただ、火災の原因はよくわかっていない。しかしイスラム教徒の仕業だと地元メディアが繰り返し報道したこと、そして政治家たちも同じような趣旨の発言をしたことが、ヒンドゥー教徒の暴徒化を引き起こしたと言われている。

「コミュナリズム（宗教対立主義）」と呼ばれているこの問題は、一見すると「ヒンドゥー教徒／イスラム教徒」という二者関係で起きている問題のようにみえる。しかしこれを「差別者／被差別者」という図式で理解してはいけないと関根は言う。普段の生活ではイスラム教徒とも交流をもつ大衆ヒンドゥー教徒を暴力へと駆り立てた、本当の差別主義者がいるからだ。それが、ヒンドゥー・ナショナリストたちである。

ヒンドゥー教に基づく国家建設を目論む彼らは、ヒンドゥー・ナショナリズムを旗印に、ヒンドゥー教／イスラム教という対立図式を描き、イスラム教徒を差別する。そして大衆ヒンドゥー教徒たちを煽り、彼らを暴力へと駆り立てる。つまりコミュナリズムは、差別者たるヒンドゥー・ナショナリストたち、共犯者たる大衆ヒンドゥー教徒たち、そして被差別者たるイスラム教徒たちという、三者関係によって構造化されている。

状況はまったく違うが、関根の言う「三者関係の差別」には、わたしたちの日常で起きている差別を考えるうえでとても重要なヒントが隠されている。ホームレスに対する差別もその例外ではない。そこで、台東区で起きた「事件」を改めて思い出そう。

超大型台風一九号が猛威を振るうなか、台東区は助けを求めたホームレス男性の受け入れを拒否した。そしてこのことがネットで拡散されるやいなや、一部の人たちは区の対応が当然であるかのような発言をした。そしてホームレスに対して差別的な発言をした。その内容を要約すれば、およそ次のようになる。「ホームレスは勤労の義務を果たさず、また納税の義務も果たしていないのだから、行政サービスを利用する権利はない」。

なんの気なしにつぶやいたのかもしれない。しかしその内容はひどく差別的だ。常識的に考えれば、彼らが差別者ということになる。しかしそうではない。彼らは差別者ではなく共犯者だ。彼らが自分の発言を正当化するために持ち出した「義務」、つまり「国民の三大義務」とされる「勤労の義務」と「納税の義務」を果たすべきと考えたのは、彼らではない。では、差別者とは誰だろうか。この場合、それは国家（あるいはそれを代弁する政治家などの権力者たち）である。

わたしたちは義務教育の段階で、働くこと、そして納税することは国民の義務であると教えられてきた。「してもいい」という権利ではなく、「して当然」という規範に、「しなければならない」という強制が倫理的にともなう義務。ここに、国民は国家に税金を納める代わりに国家に保護してもらうという、社会契約説的な関係が生まれる。だから「義務を果たさない人は国家との契約を反故にした人なのだから保護しなくてもいい」というロジックがあたかも正しいものであるかのように思えてしまう。だから発言者たちに差別をしているという自覚はない。

もちろん、国家はホームレスを差別しようとして「国民の義務」を憲法に盛りこんだわけではない。ただ、倫理的な規範に強制力がともなう義務は、義務を果たす者と果たさない者とを区別する。そして義務履行者は「善良な国民」とされるが、義務不履行者は「非国民」と蔑まされる。区別にはどうしても善／悪といった価値が忍びこむからだ。そして分断が生まれる。差別は、差別者による区別と価値づけの力学によって生じている。三者関係の差別はきわめて政治的だ。

そうした価値づけを強化するのがイデオロギーである。「善良な国民であるために勤労と納税の義務を果たすべき」「一人前になるために働いて自立すべき」「よりよい生活を送るためにも有名大学に入って一流企業に就職すべき」など、「こうあるべき」「こうすべき」といった、わたしたちの行為や思考を方向づける観念体系。差別者にとってイデオロギーは、自らの思想や主張を正当化すると同時に、わたしたちを支配する装置ともなる。ホームであることを「アタリマエ」

とするイデオロギー。それをここでは〈ホーム・イデオロギー〉（初出は関根康正の『ストリート人類学』の提唱）と呼んでおこう。

ただ、わたしたちはなにも「善良な国民であろう」とか「ホームであろう」などと考えて日々を過ごしているわけではない。それにもかかわらず、なぜわたしたちは「ホームであること」にこだわるのだろうか。なぜ「ホーム」を「アタリマエ」として無自覚に引き受けてしまうのだろうか。なぜ〈ホーム・イデオロギー〉を内面化してしまうのだろうか。このことを考えるために、共犯者に仕立てあげられた大衆ヒンドゥー教徒たちに改めて視点を戻そう。

一九四七年にイギリスから独立して以来、社会主義経済を掲げてきたインドは、一九九〇年代に入ると自由主義経済へと舵を切った。それにより経済活動は活発化し、大量の中間層が生まれた。しかし経済的恩恵を受けることができたのはごく一部の富裕層だった。中間層は豊かな消費生活を求めるも、それが叶わない現実に不満を募らせていく。「頑張っているのに恵まれない」。そんな不満が、彼らを市場や共同体から疎外し、彼らを不安に陥れていった。

そこで彼らは、過激だが強力なメッセージ性をもつヒンドゥー・ナショナリズムに心の拠り所を求めていった。とくに失業中で不安定な立場にあった若者たちが、こぞってヒンドゥー・ナショナリズムに惹かれていった。大衆ヒンドゥー教徒たちがヒンドゥー・ナショナリズムを内面化していった背景には、そうした不満と不安がある。

しかし彼らに「差別をしている」という自覚はない。ヒンドゥー教こそインドの正統な宗教であり、ヒンドゥー教の教えに基づく国家建設こそが目指されて然るべきというヒンドゥー・ナショナリズムを信じて疑わない。だから暴力も過激になっていく。インドで深刻な問題となっているコミュナリズムは、ヒンドゥー・ナショナリストたちからの上からの押しつけだけでなく、それを求める大衆ヒンドゥー教徒たちの下からの迎合によって支えられている。

同じようなことがわたしたちにも当てはまる。これまで見てきたように、わたしたちはいま、大きな不安を抱えながら生きている。バブル経済の崩壊から続く経済の低迷は先の見えない状況を作り出し、不確実性が増す世界がこれに拍車をかけるようにわたしたちを不安に陥れる。そして「小さな政府」を掲げるネオリベラリズムは、社会保障や福祉の経費削減を推し進め、わたしたちに自助と自立を求める。しかし「自由」が謳われるも、その結果はすべて「自己責任」という言葉で片付けられるようになった（ちなみに、日本でネオリベラリズムが始まったのは一九八〇年代だが、それが本格化したのは一九九〇年代からだ。そしてこの時代は、「ホームレス問題」が広く認知された時期とほとんど重なる）。

だからか、前へ前へ、先へ先へと歩みを進めなければ、そして「いま」を犠牲して未来に投資をしなければ、将来はないとわたしたちは思わされる。ホームでありつづけることにしか道はないのだと。だからわたしたちは努力する。ホームであるために、一生懸命に勉強し、汗水垂らして働く。そして自立を目指す。しかしそれでも個人の努力ではどうにもならない無数の問題が立ちはだかる。底なしの不安がわたしたちを覆う。

だが、わたしたちはとても弱い。ずっと不安ではいられない。安心したいと誰もが願う。だから拠り所を探す。そしてそこに、「ホーム」がある。だからわたしたちは〈ホーム・イデオロギー〉を積極的に引き受ける。増大する不安は皮肉にも、ホームの価値を高め、ホームであることの欲求を高めていく。そうして〈ホーム・イデオロギー〉はさらに強化されていく。と同時に、ホームから逸脱している人たちへの風当たりが強くなる。そうやって、わたしたちは共犯者になる。そうやって、わたしたちと彼らの分断が〈ホーム／ホームレス〉を軸にさらに深まっていく。

イデオロギーは、不安を感じていればいるほどに強く心に響く。不安に駆られれば駆られるほど、わたしたちを導いてくれるような思想や主張に、弱さを抱えているからこそ強く惹かれる。だからホームから逸脱しようとする人たち、あるいは逸脱した人たちを、「怠け者」「負け犬」「落伍者」などと見下す。不安と差別は深いところでつながっている。

もちろん、その場しのぎであっても、安心を得ることがわるいことだとは思わない。一時的であれ、この現実の生きづらさを忘れることが今日を生き抜くための救いになるのなら、それを否定することなどわたしたちにはできない。しかし少しでも安心していたいと願うわたしたちの欲望が誰かを傷つけているのだとしたら、それはもはや自分だけの問題ではなくなる。

それに、ホームレスを見下すことはわたしたちの生を肯定し、ホームという共同体を正当化するかもしれないが、そのことでかえって問題の本質を見誤ることになる。根本的な問題は、ホームを正当化する〈ホーム・イデオロギー〉と、それを維持しようとする差別者に、そしてそれを「アタリマエ」として無自覚に引き受けてきたわたしたちの共犯者性にこそあるからだ。

ホームレスに対する差別と暴力はそれ自体とても深刻な問題だが、その根底には「ホーム問題」とも呼ぶべき問題が横たわっている。これをどうにかしない限り、わたしたちはこれらからも不安に苛まれることになる。この事実を直視しない限り、わたしたちは〈ホーム・イデオロギー〉という呪縛から永遠に逃れることはできない。

ここで、わたしたちはたんなる共犯者ではないことが理解される。そう、わたしたちは共犯者であると同時に犠牲者でもある。わたしたちは〈ホーム・イデオロギー〉を内面化することで、図らずも差別の共犯者に仕立てあげられている。知らぬ間に、共犯者という役回りを担わされている。自ら望んで、ならまだしも、ほとんど自覚もないままに、共犯者であることを強要されている。強要されているとは、わたしたちは〈ホーム・イデオロギー〉の犠牲者であるということだ。そしてこのことに、妙に腹が立ってはこないだろうか。

共犯者にも、また犠牲者にもなりたくないと、個人的には思う。だからわたしたちが無自覚に受けいれてきた〈ホーム・イデオロギー〉から抜けでていくための糸口を探さなければならないように思う。その努力なしに、差別はなくならないし、なによりわたしたち自身が自由になれないからだ。ただ、いったいどうすればいいのか。

突破口はある。問わなければならない問題がわたしたちが「アタリマエ」として引き受けてきた〈ホーム・イデオロギー〉にあるのだから、それを相対化することが、共犯者でも犠牲者でもない新たな道を切り拓く。ホームが絶対なのではなく、あくまで相対的であるということを知ること。ホームが「アタリマエ」なのではなく、ひとつの生のあり方でしかないということを知ること。それが、ホームを拠り所としない生の可能性を拓く。自由になる、ということでもある。

それに、〈ホーム・イデオロギー〉を相対化することは、差別者に対する静かな抵抗にもなる。ホームであることにしかわたしたちの生を見いだせないことこそが、差別者にとってはもっとも都合がいいからだ。わたしたちが不安を抱えて〈ホーム・イデオロギー〉を内面化するほどに、差別者の思想や主張はさらに正当化される。安心していたいと欲するわたしたちのささやかな望みを養分に、〈ホーム・イデオロギー〉はますます社会のなかに深く根を下ろし、差別者の正当性を揺るぎないものにしていく。そして〈ホーム／ホームレス〉という分断がさらに深まっていく。だからそれを揺さぶる必要がある。ホームを相対化することが、〈ホーム・イデオロギー〉の弱体化に、そして〈ホーム・イデオロギー〉を作りだした差別者に対する抵抗になる。

そのためにも、どのような状況であっても生きようとするわたしたち人間の多様な現実とその豊かさに目を向けることがとても大切だ。「ある／ない」ではなく、「どうあるのか」を考えること。そのためにも、いろいろなかたちの「ある」に目を向けていくこと。そのことが、〈ホーム・イデオロギー〉を相対化することに、そしてわたしたちがより自由にかつより豊かに生きていくための手がかりを見つけだすことになる。これまでの議論はそのためにある。

事実、「ホームレス」と呼ばれる人たちの生のあり方から見えてくるのは、〈ホーム・イデオロギー〉を拠り所としなくても、わたしたちは生きていけるということだ。「ホーム」でなければならないではなく、そうでなくともよいということ。それでも生きていくことができるということを、近くて遠い存在である「ホームレス」は静かに示している。だからわたしたちには彼らが必要だ。彼らはわたしたちはどのように生きることができるのかを、ともに探ってくれる協力者であり、伴走者でもある。

ただ、〈ホーム・イデオロギー〉を相対化するだけでは、わたしたちは自由にはなれない。〈ホーム・イデオロギー〉に代わる安心の基盤を見いださない限り、わたしたちはまたすぐに不安を掻き立てられ、ホームへと引き戻されてしまう。だからこれまでとは違った拠り所を見つけだす必要がある。ただ、どこに見いだせばいいのか。最後にこのことについて考えよう。

かけがえのなさへ

数年前、お酒を片手に父がこんな話をしてくれたことがある。

父の職場の最寄り駅にはかつて、雑誌『ビッグイシュー』を売る、「タナカさん」というホームレス男性がいた。わたしの影響もあったのか、最新号が出るたびに、父は彼から『ビッグイシュー』を購入していたという。

最初は挨拶をする程度だったが、二人は次第に立ち話をするようになっていった。何気ない会話を交わし、雑誌とお金を交換する。無数のサラリーマンが忙しなく行き交う駅前で、そんな二人の関係が、数年にわたって細々と続いた。

年末になると、タナカさんは毎年のように、馴染みの客に小さな手紙を手渡していた。そこには「今年も一年ありがとうございます」という手書きのメッセージに、「ご縁」を意味する五円玉が括り付けられていた。そして父もまた、タナカさんから手紙を受けとっていた。

そのことをうれしそうに話す父の顔を思い出す。父にとってタナカさんは、ただの「ホームレス」でも、ただの「雑誌販売者」でもなかった。タナカさんにとっても、父はただの「サラリーマン」でも、ただの「客」でもなかっただろう。出会いはほとんど偶然だったが、顔のある関係がそこにはあった。「いまここ」をともに生きる関係が、たとえつかの間のものだったとしても、二人の生を紡いでいた。

都市部で暮らしていれば、ホームレスを見かけない日はない。しかしわたしたちは彼らの前をそそくさと通り過ぎる。すぐ近くにいるのに、彼らはどこか遠い存在としてわたしたちの前にある。だが、それでは終わらない。わたしたちは彼らを貶める。同じホームではないと、彼らを不快に思ったり、嫌悪したり、軽蔑したりする。

しかしそれはわたしたちが性悪だからではない。〈ホーム・イデオロギー〉に囚われてきたからだ。そして疑うこともなく、わたしたちはそれを「アタリマエ」として引き受けてきた。だからホームレスを貶める。「ホーム」から逸脱した存在であると、彼らを差別し排除する。そうやって、わたしたちは差別者に加担してきた。そうやって、共犯者になってきた。

ただ、わたしたちは犠牲者でもある。自ら望んだわけではないのに、共犯者になることを強要されている。それに、わたしたちは苦しめられてもいる。底なしの不安に陥れられ、学ぶことの楽しさや働くことの喜びを享受することよりも、自立するために勉強と労働に勤しむことを強要されている。だからわたしたちは犠牲者でもある。わたしたちは二重の苦しみを抱えている。「アタリマエ」として内面化してきた〈ホーム・イデオロギー〉に、身も心も支配されている。

だからわたしたち自身の「アタリマエ」に向きあう必要がある。「三者関係の差別」がもつ暴力性と、そこに巻き込まれることの危うさから距離を置かなければ、共犯者であることから逃れられない。それに、犠牲者であることからも逃れられない。だが、いったいどうすればいいのか。〈ホーム・イデオロギー〉から自由になることなどはたしてできるのだろうか。

難しい問題のように思える。ただ、その答えはとてもシンプルだ。共犯者であることをやめること。犠牲者であることから解放されること。そのためにも、〈ホーム・イデオロギー〉を介すことのない、直接的な関係を他者とともに築いていくこと。三者関係から二者関係へと関係を組み替えていくこと。それが、構造化された差別を解消していくことになると関根は説く。それが可能なのも、わたしたち共犯者には両義性があるからだ。わたしたちは〈ホーム・イデオロギー〉に付き従うことも、背を向けることもできる。だからわたしたちにはまだ可能性がある。〈ホーム・イデオロギー〉に従順でいるか抵抗するかは、わたしたち自身にかかっている。

ただ、答えはとてもシンプルではあるものの、実際に行動に移すのは難しいことのようにも思える。わたしたちの生の受け皿でもあっただけに、〈ホーム・イデオロギー〉を拒否することはある意味で自殺行為に等しい。拠り所を失うことで、また不安に陥るのではないか。そう思ってしまうのも無理はない。しかしその不安は、特定の拠り所をもたないからこそより自由に、そしてより創造的に生きていくことを可能にする。

もちろん独りで、ではない。二者関係にはちゃんと他者がいる。そこには、「わたし」と「あなた」という存在が、具体的な手触りとともにある。二者関係の他者は、三者関係にみる他者とはまったく異なる質感をもった他者だ。

このことを、単独性（singularity）という概念からみておこう。聞き慣れない概念だが、その意味するところはそれほど難しくはない。単独性とは代替不可能性、もっと平易な表現をすれば、「かけがえのなさ」を意味する。たとえば思想家の柄谷行人は、失恋した友人を慰める場面を例に、単独性を次のように説明する（『探求Ⅱ』一四―一五頁）。

失恋した友人を慰めようという善意から、「女はほかにもいくらでもいるからくよくよするな」と友人に声をかけたとしよう。思い返してみると、わたしも同じようなことを大学時代の友人に言った覚えがあるが、この慰め方は不当だと柄谷は言う。その女性は、友人にとって「女性」という一般的なカテゴリーには還元できないからだ。彼女は彼にとってたんなる「女性」ではない。つまりほかの女性に取って代わるような存在ではない。友人にとって「彼女」は「彼女」でしかない。単独性とは、そんな代替不可能で比較不可能な「かけがえのなさ」のことだ。

これに対して、代替可能で比較可能な「かえのきく」存在を、柄谷は「特殊性」（particularity）と表現している。顔のみえる直接的な関係から生まれる単独性とは違って、特殊性は間接的な関係から生まれる。「わたし」にとって友人の彼女は、そんな特殊性としてある。そして「ホームレス」

という一般的なカテゴリーで把握される個人も、「わたし」にとって特殊性としてある。

一方、わたしたちにとって単独性をもつのは、ニシさんやイクちゃんなど、本書に登場してきた人たちだ。彼らはたしかに「ホームレス」であるものの、わたしたちにとって彼らはたんなる「ホームレス」ではない。「ホームレス」という一般的なカテゴリーに還元できるような存在ではもはやないからだ。彼らはわたしたちにとって、代替不可能で比較不可能な「かけがえのなさ」をもっている。だから本書は「出会い方を変える」という基本スタンスをずっと大切にしてきた。それは、特殊性から単独性へと、他者との関係のあり方そのものを変えていくための実践だ。

ただ、たんに顔を突き合わせれば目の前にいる他者が単独性をもつかというと、そうではない。炊き出しや夜回りといった支援活動に参加してホームレスに出会ったからといって、彼らがたちまち「わたし」にとってかけがえのない存在とはならない。人類学者の小田亮が言うように、「単独性は働きかけという行為によってはじめて顕在化する」(「アクチュアル人類学宣言!」五頁)ものだからだ。

呼びかける、名前で呼び合う、会話をする。そうした働きかけを通して、「その人」は単独性を帯びていく。働きかけの反復が、他者を、そして他者にとっての自己を、かけがえのない存在にしていく。働きかけが、第三者である差別者を介すことのない二者関係へと、わたしたちの関係を組み替えていく。西村が街なかで目にした、シルバーカーを引いたおばあさんに席をゆずった青年、そして白杖をついて歩く男性に声をかけたお姉さんは、そうした二者関係へと関係を組み替える入り口にいる（一〇二頁）。

だから父にとってタナカさんは、ただの「ホームレス」でも、ただの「雑誌販売者」でもなかった。タナカさんにとっても父は、ただの「サラリーマン」でも、ただの「客」でもなかっただろう。二人のあいだには、ホームレス／サラリーマン、あるいは雑誌販売者／客という、一般的なカテゴリーには還元できない「かけがえのなさ」があった。

言いたいことはわかる。しかし、そう簡単なことではないのではないか。そう思うかもしれない。たしかに現代社会は、二者関係を作っていくことがとても難しいことのように思える。とくに自己選択と自己責任を掲げて徹底的な個人化を招くネオリベラリズムが支配的な現代社会では、他者と出会う機会を得ることも、またそこから単独性同士のつながりを作りだすことも、日に日に難しくなっているような感覚すらある。しかし難しいからこそ、単独性に根ざした二者関係へとわたしたちの関係を組み替えていくことの重要性は増しているようにも思える。

そのためにも小田亮は、レヴィ＝ストロースの言う「真正性の水準」と「非真正性の水準」の違いと、このふたつの水準をわたしたちは同時に生きているのだと自覚することが、ネオリベラリズムという過酷な時代を生き抜くために不可欠なのだと指摘する（『二重社会』という視点とネオリベラリズム」）。つまりわたしたちは、単独性と特殊性のどちらも生きているのだ、と。

レヴィ＝ストロースの言う「真正性／非真正性の水準」とは、社会の規模とそれを支えるコミュニケーションの質の違いのことだ（『レヴィ＝ストロース講義』）。たとえば五〇〇人が暮らす社会では、お互いが顔見知りという関係によって生活が成り立っている。「わたし」を抜いた四九九人全員をよく知っている、ということではない。なかにはあまりよく知らない人もいる。ただ、それでもその人は遠い親戚だったり、友人の友人だったりする。そんな具体的な誰かを直接的に介した関係が、五〇〇人の社会を、つまり真正性の水準を成り立たせている。

しかし五〇〇〇人が暮らす社会ではそうはいかない。規模が大きいからだ。だからそこでのコミュニケーションのかたちは、「わたし」という個人を中心に広がるものではなく、マスメディアなどの独立したチャンネルを通して広がるものになる。新聞や雑誌、テレビやインターネットなどを通して知りあう関係。それが、五〇〇〇人の社会を、つまり非真正性の水準を成り立たせている。だから個人は、社会的地位や職業、ジェンダーといった一般的なカテゴリーに還元される。複雑な情報は、一般的なカテゴリーによって圧縮され、単純化される。だから五〇〇〇人規模の社会では、個人は特殊性として把握される。マスメディアは遠近感を狂わせる。

しかし他者を一般的なカテゴリーに還元しないと理解できないほど規模の大きな社会に生きているからといって、そこに単独性同士のつながりがないかというとそうではない。五〇〇〇人の社会でも、そこに生きる人たちはそれぞれに、真正性の水準にある単独性同士のつながりをもっている。ただ、その足元の事実にあまり気がつかない。日常的なコミュニケーションが、他者を、そして自己をも、一般的なカテゴリーに還元して理解することを基本にしているからだ。だから「かけがえのなさ」が隠される。だから差別もしやすく、暴力も振るいやすい。逆に、差別もされやすく、暴力にも晒されやすい。

しかし真正性の水準にある単独性同士のつながりこそが、徹底的な個人化を招くネオリベラリズムという時代を生きるための希望になるのだと小田亮は指摘する。「かけがえのなさ」のつながりこそが、〈ホーム・イデオロギー〉が作りだした〈ホーム/ホームレス〉といういびつな関係に、対称性を回復することになるからだ。

関根のいう三者関係とは、柄谷の言う「特殊性」同士の関係、そしてレヴィ=ストロースの言う「非真正性の水準」にある関係だ。そこでは差別者が広める〈ホーム・イデオロギー〉を介して、わたしたちと彼らの関係が、〈ホーム/ホームレス〉を軸に読み替えられていく。そして「ホーム」が小松の言う「民俗的異人解読装置」となって、路上に生きる人たちをホームレスとして異人化し、彼らに対する差別と暴力を正当化する。だから差別はなくならない。なくならないどころか、繰り返される。

それに、差別を生みだす〈ホーム・イデオロギー〉をわたしたちもまた「アタリマエ」として下支えしているのだから、三者関係に囚われている限り、わたしたちは共犯者であることから逃れられない。犠牲者であることからも逃れられない。まやかしの自由を求める不自由な生き方を強要される。

だから二者関係の大切さに、より自覚的になる必要がある。そのためには他者と出会い、働きかけ、単独性同士のつながりを作りだしていくこと。家族や友人といったすでにある二者関係に閉じ籠らずに、つねに「わたし」を外部へと開いておくこと。それが、差別の被害者を生み出すことのない社会をかたち作っていく。そして、差別に加担する共犯者になるのでも、〈ホーム・イデオロギー〉の犠牲者になるのでもない、わたしたち自身の生の可能性を拓いていく。

ただ、関係を二者関係へと組み替えたからといって、差別がなくなるわけではないことには注意が必要だ。わたしたちはどうしても、誰かを否定的にみることで自己を肯定しようとしてしまう。しかし二者関係には三者関係にはないものがある。それは、対面的であること、そして直接的であることだ。だから差別が起きたとしても、そのことをすぐに感知することができるし、その都度対話することが可能だ（『宗教紛争と差別の人類学』一八六頁）。

もちろん、ひと口に対話と言っても、平和的なものから口喧嘩まで幅がある。ただ、たとえ口喧嘩であっても、二者関係であればその都度言い返すことが可能だ。それに、譲歩したりして、お互いにとっての落とし所を見つけることも可能だ。集団でのリンチより、タイマンでの喧嘩のほうがはるかに健全だろう。それに、嫌ならその場から立ち去ればいい。特定の相手とずっとつながる必要などない。また別のところに二者関係を築けばいい。

そしてもうひとつ。二者関係には「非決定性」という、とても重要な要素がある（同：三〇七）。良か不良か、善か悪かといった明確な価値基準をもつイデオロギーとは違って、そこに絶対的な価値基準は存在しない。だからその都度対話をして合意形成をしたり、落とし所を探ることになる。ただ、それでも絶対的な価値基準がないのだから、相手を「こうだ」と一方的に決めつけることはできない。白黒つけることができない、ということでもある。

そんな状況に、どこかもどかしさを覚えるかもしれない。しかしそれこそがわたしたちに対話を促す。わからないからこそ、わかろうとする。そこに、他者とともに生きていくための共感と連帯が生まれてくる。「これ」といった強固な足場がないからこそ、どう生きていくべきかを、それぞれの具体的な関係のなかで考えていくことが可能になる。

それに、具体的な他者との対話は、「わたし」という存在を変容させることにもなる。いろいろな「ある」に直接触れることは、「わたし」という存在を大きく揺さぶる。それが、「アタリマエ」の相対化へとわたしたちを誘う。そしてそこに、「わたし」にとっての「生きる意味」を見つけだすためのまたとない機会が訪れる。具体的で直接的な他者とのつながりが、「わたし」をその都度変えていく。「彼／彼女」を変えていく。そしてこの社会を変えていく。

他者とともに生きていくとは、すべてをわかりあうことではない。疲れたときは、気乗りしないときは、対話を拒んだっていい。大切なのは、対話をしたいときに、対話をすべきときに、対話が可能である状態にしておくこと。そのためにも、他者の声に耳を澄ませながら、いつでも対話が可能な回路を作っておくこと。それこそが、差別を解消していく処方箋になる。それがまた、差別者に対する抵抗にもなる。そして〈ホーム・イデオロギー〉という呪縛から、わたしたち自身を解き放つことにもなる。

だから二者関係に希望を見いだそう。これといった成果はすぐには出ないかもしれないが、焦らずじっくりと、他者の声に耳を傾け、他者と対話を積み重ねていこう。そのためにも「わたし」という存在をいつも外へと開いておこう。それが、「わたし（たち）」の生をかたち作っていく。大丈夫、なんとかなる。わたしたちにはその力がある。

おわりに

二〇二一年一二月二九日。数年ぶりに、名古屋の越冬活動に顔を出すことにした。ただ、会場が昔とは違う。そう、風の便りで聞いていた。そこでユウくんのパートナーだったキミちゃんに電話をした。生まれてまだ半年にも満たない子供を車に乗せ、妻とともに教えられた場所へと向かう。そしてたどり着いたのは、偶然にも、あの夏にホンマさんと暮らした小さな公園だった。

知った顔を見つけては挨拶を交わす。そしていつしか始まる他愛もない話。そんなささやかなやりとりが、ここで暮らした日々のことを思い出させてくれた。そして、もう会うことのできない人たちがいることを知った。何人かは名古屋を去り、何人かはこの世を去っていた。

二〇〇七年の夏に名古屋をあとにしてからも、時間を見つけては、名古屋に戻った。春も夏も、秋も冬も。いつも温かく迎え入れてくれる路上の仲間たちとともに、空き缶を集めては売り、お酒を酌み交わしてはふざけあい、街灯下の麻雀を楽しんだ。ともに笑い、ともに泣いた。そうして眠りについた。もちろん、夜風に当たりながら。

時間をともに過ごすたびに、彼らがもつどこか不思議な力強さに魅了されてきた。そんな彼らを「ホームレス」と呼ぶことで見えなくなってしまう現実がたくさんあるのではないか。そう思って、それまで関心を寄せていた国際協力論に見切りをつけ、人類学に転向した（といっても、なにか事務的な手続きがあったわけではない。気持ちの問題である）。そして人類学のゼミに入って書き上げたのが、『都会のノマド』と題した卒業論文だった。

久しぶりに書棚から卒業論文を引っ張り出す。目も当てられないほど酷いものだった。データの提示は甘々で、誤字脱字は当たり前。考察と結論の部分にいたっては、怖くて目を通せなかった。唯一自慢（？）できることといったら、総頁数七八頁、文字数にして八〇四九三字の「大作」だったことくらいだろうか。ひとつひとつの言葉が路上で拾い集めた事実の断片をつなぎ合わせていく不思議な感覚に夢中になって、夜が明けるまで、ひたすらノートパソコンのキーボードを叩いていたのを思い出す。

ただ、その後はいろいろあって名古屋から遠ざかる時期が続いた。それでも、ふとしたときに彼らと過ごした日々を思い返した。彼らの声が聞きたくて、携帯電話を手に取ったことも何度かあった。「みんなお前が来るのを待ってるぞ」。電話越しに、ユウくんはいつも、そう声をかけてくれた。そしてそのすぐうしろで酔っ払ったオヤジが叫ぶ。「シュウ！　元気かー？」。そんな彼らの呼びかけに、何度も救われた。だが、オヤジはすぐにこの世を去り、その数年後にはユウくんもこの世を去った。オヤジの葬儀では喉仏を収骨し、ユウくんの葬儀では献杯の挨拶をした。

ホンマさんはいまも元気にしている。誕生日が一日違いだったこともあって、自分の誕生日が近づくとホンマさんのことを思い出し、毎年のように彼の携帯電話を鳴らした。電話越しに、ホンマさんはいつも決まってこう言う。「ちょっとよ、ガンになっちゃってよ。もう余命数カ月だって医者に言われてるんだわ。だから死ぬ前にさ、香典くれや」。そう言われつづけてもう何年も経つ。ちなみにホンマさんとはつい最近になって久しぶりに再会した。あいかわらず下手くそな芝居を打っては香典をせがんでくる。そしてわたしの子供を抱いては、穏やかな表情であやした。

彼らとともに過ごしたあの夏から早一四年。卒業論文を書き上げたわたしは、大学院に進学した。研究対象をホームレスから狩猟採集民に変え、タイの山奥で二年間のフィールドワークもした。帰国後は京都の大学で働き、その後、東京の大学で働いた。そしていま、どういうわけか、名古屋の大学で働いている。キャンパスから見えるのは、あの夏にオヤジと空き缶を集めて走った道である。

なんの因果か、国際協力やボランティアといったものに見切りをつけて人類学に飛び込んだわたしが、早稲田大学平山郁夫記念ボランティアセンター（WAVOC）に勤めることになった。もちろん、採用が決まったときは心が躍った。その年は前職の任期最終年度で、どうにか次の職を探さなければ、京都は鴨川沿いでホームレスになるところだった。

「一緒に路上生活でもしようか」。冗談めかしながら、結婚して間もない妻に、そう提案したこともある。もちろん、半分本気で。ただ、わたしだけならまだしも、さすがに妻まで路上生活をさせるわけにはいかない。そう思って、就職活動に励んだ。そして運良くＷＡＶＯＣに採用され、居を京都から東京に移し、「人類学×ボランティア」をスローガンに、研究と教育に着手した。本書のベースとなる「トーキョーサバイバー」は、そうしたなかで生まれたプロジェクトである。

学生メンバーの募集を始めたのは、二〇二〇年の年明けのことだった。結果、早稲田大学の学生のほかに、当時の非常勤先だった東京農業大学の学生、そしてひょんなことで知りあった東京学芸大学の学生が加わり、複数の大学と学部出身からなる多彩な顔ぶれが集まった。

新型コロナウイルスの感染拡大で、学内のみならず、学外での活動ができなくなるなど、出だし早々に出鼻を挫かれるという苦い思いをしたが、フィールドありきのプロジェクトにとって危機的な状況を好機に変えようと、まずはフィールドとなる新宿の成り立ちや、調査対象となるホームレスについて、学生たちとともに勉強を重ねた。そしてようやくフィールドに出ることができるようになったのは、課外活動の一部制限が解除された二〇二〇年の夏の終わりだった。

それからというもの、路上に生きる人たちの声に耳を傾け、彼らはトーキョーという巨大都市をどのようにサバイブしているのかを丁寧に記録していった。そして新宿の路上で見聞したことをもとに、学生それぞれが興味のあるテーマを選び、それぞれの視点から思考を掘り下げ、言葉を紡いでいった。その後は各自が原稿を持ち寄っては毎週のようにオンラインでミーティングを開いて議論を重ね、思考をさらに深く掘り下げていった。

しかし第三波の襲来と二度目となる緊急事態宣言の発令により、フィールドに出ることが再び禁止されてしまった。それでもめげずに、これまで集めたデータを精査し、次の調査機会が再び訪れるのを耐え忍んで待った。そうしてどうにか必要最低限のデータを集めることができたのは、調査に協力してくれた方たちと、学生たちの努力の賜物以外のなにものでもない。

すでにどこかで触れたように、「トーキョーサバイバー」は一般的に想像されるボランティアではない。このプロジェクトの対象は、ホームレスではなく、ホームであるわたしたち自身である。路上を生きる人たちの生きる現実に肉薄することで、わたしたちの「アタリマエ」を問いなおし、わたしたちの生を縛りつける〈ホーム・イデオロギー〉からわたしたち自身を解放すること。そしてその先に、〈ホーム／ホームレス〉という分断を乗り越えるための手がかりを見つけ出し、これまでとは違った生の可能性を模索していくこと。「ホームレス問題」ではなく、「ホーム問題」について考えるために、本書は作られた。わたしたちが拾いあげた路上の声が一人でも多くの読者に届き、わたしたちがより自由に、そしてより豊かに生きていくためのささやかな一助になることを願っている。

最後に、本書をいろいろなかたちで支えてくださった方たちに感謝を述べて、筆を擱こう。まずはわたしを路上へと迎え入れ、人間が生きる多様な現実とその豊かさについて学ぶきっかけをくれたホンマさん、ユウくん、オヤジ、そして名古屋の路上で出会った仲間たちにお礼申し上げたい。ときに強く、ときに弱く。ときに器用に、ときに不器用に。カップ酒や缶ビールを片手に豪快に笑う彼らから学んだ生きることの難しさと生きることの喜びは、いまもわたしのなかにある。遅きに失してしまったが、本書が彼らの深い愛情に対するせめてもの恩返しになることを願わずにはいられない。

そしてこのプロジェクトの趣旨を理解し、話を聞かせてくださった、ニシさん、イクちゃん、ヒラカワさん、キンジョウさん、ナガセさん、ヨロズヤさん、オオミヤさん、イトウさん、アズマさん、みっちゃん、母ちゃん、イワモトさん、カナイさん、そしてクボタさんにも、深くお礼申し上げたい。彼らがいなければ本書がこうして日の目を見ることはなかった。とくにニシさんは、わたしが早稲田大学で行なっていた授業にゲストスピーカーとして来てくださって以来、一緒に飲みに行ったりと、なにかと懇意にしていただいている。また、本書を完成させるために、多方面にわたってサポートをしてくれた。ニシさんはじめ、本書に出てくる方たちには感謝してもしきれないが、せめてものお礼として、本書を捧げたい。

また、本書のベースとなった「トーキョーサバイバー」の立ち上げと活動を全力でバックアップしてくれた、WAVOCのスタッフの方たちにもお礼を述べたい。プロジェクトの開始早々に新型コロナウイルスが猛威を振るい、わたしたちの活動は全面的にストップするという事態に見舞われた。また、その一年後にはプロジェクトの発案者であるわたし自身が早稲田大学から異動になったことで、大学公認のプロジェクトとしての「トーキョーサバイバー」は終了してしまった。プロジェクトにとっても、そして学生たちとわたしにとっても予想だにしない展開をみた二年間だったが、WAVOCのスタッフの方たちにはいつも温かく見守っていただいた。この場を借りて、深く感謝します。

ほかにも、草稿段階の本書を読んで、いろいろな角度から建設的なコメントをくださった小林宏至さん（山口大学）、阿部朋恒さん（立教大学）、川瀬由高さん（江戸川大学）、岡野英之さん（近畿大学）、難波美芸さん（鹿児島大学）、小西公大さん（東京学芸大学）にも感謝を述べたい。稚拙な文章と精緻さを欠く議論の連続で頭痛と目眩を引き起こす作業だったに違いないが、とても丁寧なコメントをしていただいた。もちろん、文責はすべて、執筆者たちにある。

また、本書でも引用した小田亮先生（首都大学東京元教授）と、小田先生が主宰している人類学塾に集う学友たちにもお礼を述べたい。小田先生はじめ、人類学塾で課題図書となった本や、それらを元にした議論を通して、「人類学とはなにか」「人類学者としてなにを世に問うべきか」など、わたし自身にとってとても大切な問いを考えるためのヒントをいつももらっている。彼らと交わした無数の議論とそこで得た知見が、本書の随所に反映されていることを願っている。

そしてなにより、うつつ堂の杉田研人さんに深くお礼申し上げたい。杉田さんは大学院のひとつ先輩で、かれこれ一〇年以上の付き合いになる。わたしは研究者として、杉田さんはジャーナリストとしてそれぞれの道を歩むこととなったが、ことあるごとにお酒を酌み交わし、いつも不真面目に議論を白熱させてきた。本書の企画も、そうしたなかで生まれたものである。

当初の予定よりだいぶ遅れての出版となったが、杉田さんの存在なしに本書が生まれることはなかった。本書がうつつ堂から出版される最初の一冊となるのはなんとも恐れ多いが、その一方でとても感慨深くもある。人類学のおもしろさを広く社会に伝えていきたいと願って立ち上げられたうつつ堂が、これから多くの読者に愛される出版社になることを心より願っています。

そして最後に、わたしのこれまでの歩みを支えてくれた家族にも、感謝の気持ちを記しておきたい。あと先考えずに好奇心だけで未知の世界へと飛び込むわたしに気を揉んだことは数え切れないように思う。しかしなにも言わずにいつも暖かく見守ってくれた父と母と妹、そして執筆作業で帰宅が遅くなるわたしをいつも暖かく迎えてくれた妻と息子。彼らの存在なくして、今日のわたしはない。いつもありがとう。ただ、またすぐに迷惑をかけると思います。

二〇二二年二月二〇日　名古屋にて

参考文献

生田武志『〈野宿者襲撃〉論』人文書院、二〇〇五年
生田武志・北村年子『子どもに「ホームレス」をどう伝えるか――いじめ・襲撃をなくすために』太郎次郎社エディタス、二〇一三年
イリイチ、イバン『生きる思想――反=教育／技術／生命』桜井直文監訳、藤原書店、一九九九年
インゴルド、ティム『ラインズ――線の文化史』（工藤普訳）フィルムアート社、二〇一八年
上田紀行『生きる意味』岩波書店、二〇〇五年
小川さやか『「その日暮らし」の人類学――もう一つの資本主義経済』光文社、二〇一六年
小川てつオ「ホームレス文化を考える」『現代思想』三四（九）：一二六―一三一、二〇〇六年
小田亮『構造人類学のフィールド』世界思想社、一九九四年
小田亮「『二重社会』という視点とネオリベラリズム――生存のための日常的実践」『文化人類学』七四（二）：二七二―二九二、二〇〇九年
小田亮「アクチュアル人類学宣言！」『社会人類学年報』四〇：一―二九、二〇一四年

柄谷行人『探究Ⅱ』講談社、一九九四年
菅野仁『友だち幻想――人と人の〈つながり〉を考える』筑摩書房、二〇〇八年
北村由紀彦「野宿者の貧困と集団形成：新宿駅周辺部を事例にして」『カネと人生』小馬徹編、雄山閣、二四五―二六七頁、二〇〇二年
古東哲明『瞬間を生きる哲学――〈今ここ〉に佇む技法』筑摩書房、二〇一一年
小松和彦「異人論――『異人』から『他者』へ」『岩波講座現代社会学3　他者・関係・コミュニケーション』井上俊ほか編、岩波書店、一七五―二〇〇頁、一九九五年
坂口恭平『0円ハウス』リトルモア、二〇〇四年
坂口恭平『TOKYO 0円ハウス0円生活』大和書房、二〇〇八年
坂口恭平『ゼロから始める都市型狩猟採集生活』太田出版、二〇一〇年
サーリンズ、マーシャル『石器時代の経済学』山内昶訳、法政大学出版会、一九八四年
サルトゥー＝ラジュ、ナタリー『借りの哲学』高野優監訳・小林重裕訳、太田出版、二〇一四年
スコット、ジェームズ『実践　日々のアナキズム――世界に抗う土着の秩序の作り方』清水展・日下渉・中溝和弥訳、岩波書店、二〇一七年
関根康正『宗教紛争と差別の人類学――現代インドで「周辺」を「境界」に読み替える』世界

思想社、二〇〇六年
関根康正「『ストリート人類学』の提唱——ストリートという縁辺で人類学する」『国立民族学博物館調査報告』八〇：二七—四四、二〇〇九年
ド・セルトー、ミシェル『日常的実践のポイエティーク』山田登世子訳、国文社、一九八七年
中島義道『差別感情の哲学』講談社、二〇〇九年
長嶋千聡『ダンボールハウス』ポプラ社、二〇〇五年
モース、マルセル『贈与論 他二篇』森山工訳、岩波書店、二〇一四年
森川すいめい他「東京の一地区におけるホームレスの精神疾患有病率」『日本公衛誌』五八：三三一—三三九、二〇一一年
レヴィ＝ストロース、クロード『野生の思考』大橋保夫訳、みすず書房、一九七六年
レヴィ＝ストロース、クロード『レヴィ＝ストロース講義——現代世界と人類学』川田順造・渡辺公三訳、平凡社、二〇〇五年

その他、参考資料

五十嵐太郎「「排除アート」と過防備都市の誕生。不寛容をめぐるアートとデザイン」美術手帖、https://bijutsutecho.com/magazine/insight/23127（二〇二一年二月二〇日閲覧）
稲葉剛「新宿ダンボール村の歴史」稲葉剛公式サイト、http://inabatsuyoshi.net/2013/04/01/185（二〇二一年二月二〇日閲覧）
ＮＨＫ「踊らされるより踊ろうよ 番外編」不可避研究中、https://www.nhk.or.jp/d-garage-mov/movie/189-195.html（二〇二一年二月二〇日閲覧）
厚生労働省「ホームレスの実態に関する全国調査（生活実態調査）の結果（概要版）」厚生労働省ＨＰ、https://www.mhlw.go.jp/file/04-Houdouhappyou-12003000-Shakaiengokyoku-Shakai-Chiikifukushika/01_homeless28_kekkagaiyou.pdf（二〇二一年二月二〇日閲覧）
ビッグイシュー基金「ホームレス問題の現状」ビッグイシュー基金ＨＰ、https://bigissue.or.jp/homeless/、二〇二一年二月二〇日閲覧）

執筆者一覧

二文字屋 脩（編著者）

1985年、神奈川県横浜市生まれ。首都大学東京（旧・現：東京都立大学）人文科学研究科博士後期課程単位取得満期退学。博士(社会人類学)。早稲田大学平山郁夫記念ボランティアセンター講師を経て、現在、愛知淑徳大学交流文化学部准教授。共編著書に『人類学者たちのフィールド教育――自己変容に向けた学びのデザイン』(ナカニシヤ出版、2021年)、訳書にアリス・ゴッフマン著『逃亡者の社会学――アメリカの都市に生きる黒人たち』(亜紀書房、2021年）など。

学生メンバー　※あいうえお順
小田　青空　（早稲田大学文化構想学部）
小泉　勇輔　（早稲田大学政治経済学部）
佐藤　しおん（早稲田大学文化構想学部）　※挿絵担当
柴田　菜帆　（早稲田大学国際教養学部）
須賀　美和子（東京学芸大学教育学部）
高谷　健人　（早稲田大学社会科学部）
辻本　健治　（早稲田大学政治経済学部）
津田　美優　（東京農業大学農学部）
藤賀　樹　（早稲田大学人間科学部）
西村　明　（早稲田大学スポーツ科学部）

トーキョーサバイバー

2022年3月31日　第1刷発行

編著者　　二文字屋 脩（にもんじや しゅう）

発行者　　杉田研人

発行所　　合同会社うつつ堂

〒160-0023

東京都新宿区西新宿3-3-13　西新宿水間ビル6階［郵便受付］

〒164-0011

東京都中野区中央2-59-11　ヤマキビル602［オフィス］

電話：080（5653）5797

問い合わせ先：info@utsutsudou.com

URL：https://www.utsutsudou.com/

印刷　　藤原印刷株式会社

製本　　藤原印刷株式会社

カバーイラスト　　KS

カバーデザイン　　創作工房よだか舎

ISBN 978-4-910855-00-4